Inhaltsverzeichnis

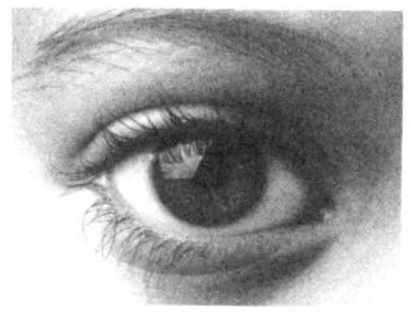

Kopiervorlagenverzeichnis

Visualisieren im Englischunterricht
Effektiv und lebendig unterrichten

Zur Autorin:
Ewa Zachara, von Haus aus eigentlich Dipl.-Ing. der Biotechnologie, wollte – anstatt endlose DNS-Sequenzen zu analysieren oder gleichgültige Einzeller zum Nützlichsein zu zwingen – lieber Sprachen unterrichten: Englisch, Polnisch, Deutsch für Ausländer. Und das tut sie nun seit mehr als 10 Jahren. Wenn auch Bazillen niemals widersprechen, findet sie Schüler doch viel unterhaltsamer!

Ihre technische Ausbildung macht es ihr leicht, komplizierte Denkvorgänge in nachvollziehbaren kleinen Schritten zu präsentieren, und ihre Kreativität macht das Lernen zum Vergnügen.

Fon (07227) 9588-0 · Fax (07227) 958895 · E-Mail: info@aol-verlag.de
AOL-Service im Netz: aol-verlag.de; deutsche-rechtschreibung.de

Umschlaggestaltung: bibo mayer
Layout/Satz: Helmut Oberst
Zeichnungen: Lilith Menze
Druck: Naber & Rogge, 77836 Rheinmünster
Printed in Germany

Jahr / Auflage
04, 05, 06, 07, 08 / 06, 05, 04, 03, 02, 01
ISBN: 3-89111-201-7

Bestell-Nummer: A201

Visuelle Methoden – für wen?

Fremdsprachen spielen in unserem Leben eine immer größere Rolle. Ohne gute Englischkenntnisse ist eine erfolgreiche berufliche Karriere heutzutage kaum noch vorstellbar. Gleichzeitig gibt es viele Leute, die glauben, dass das Erlernen von Fremdsprachen dem Spielen eines Instruments ähnlich sei: entweder hat man Talent oder nicht. „Sorry, ich bin nicht sprachbegabt." Wirklich?

Ich unterrichte auch Erwachsene. Einer von ihnen hat doch tatsächlich gesagt: „Sie können nicht viel von mir erwarten. Während Eiszeitfrauen in warmen Höhlen die Redekunst pflegten, mussten Eiszeitmänner in ihren Verstecken schweigen, um die vorbeilaufenden Mammuts nicht zu verscheuchen. Als Mann habe ich kaum biologische Voraussetzungen, um eine Fremdsprache zu lernen."

Er war Architekt, ein sehr intelligenter und sensibler Mensch. Seine originellen Ideen entstanden meistens in Form von komplexen Bildern. Er hatte Schwierigkeiten damit, sie in einer Fremdsprache zu beschreiben.

Es gibt viele visuelle Denker (vor allem männliche Wesen), die mit dem klassischen System „Richtige grammatikalische Struktur plus passender Wortschatz" nur wenig anfangen können. Wenn sie sich mit ihrer natürlichen, bildlichen Denkweise nicht weiterhelfen können, werden sie oft frustriert und deprimiert. „Ich bin doch nicht blöd", ärgern sie sich, wenn sie vergeblich nach einem Ausdruck suchen oder Sätze bauen, die keiner versteht. Sie haben eine klare Vorstellung, was sie sagen wollen – trotzdem schaffen sie es nicht. Es hilft auch wenig, wenn sie einen korrekten Satz mehrmals wiederholen. Klänge bedeuten ihnen nicht viel. Auch in ihrer Muttersprache reden sie wenig und können sich nur schwer auf Worte konzentrieren. Selbst wenn sie auf den ersten Blick nicht gerade als Sprachtalente erkennbar sind, können visuelle Lernmethoden mehreren von ihnen dazu verhelfen, Interesse an der englischen Sprache zu entwickeln und gute Ergebnisse zu erzielen.

Schüler mit mehr Sprachbegabung greifen gern auf visuelle Symbole zurück, um den gelernten Stoff zu ordnen und zu strukturieren. Beim Lernen verwenden sie gerne unterschiedliche Farben, Diagramme, Schemen, Tabellen usw. Auch bunte Illustrationen unterstützen ihre Studien. Während sie ihr Gedächtnis nach einem Wort oder Ausdruck durchwühlen, hören wir von ihnen oft: „Ich kann mich an das Wort nicht mehr erinnern, aber ich weiß, dass es im Text in der Mitte der linken Seite stand, neben dem Bild eines schwarzen Hundes."

Wenn man mit sehr talentierten Sprachlernern redet, die anscheinend keine Hilfsmittel brauchen, entdeckt man, dass sie bereits ein eigenes visuelles System aufgebaut haben. Der berühmte Schriftsteller Vladimir Nabokov erzählt zum Beispiel, dass für ihn jeder Buchstabe eine eigene Farbe hat. Er behauptet, als Kleinkind oft mit einem vielfarbigen Alphabet gespielt zu haben.

Die Sprache ist zwar linear, aber der Mensch ist es nicht.
Unser Hirn kann viel mehr als nur die Sequenzen der Worte wahrzunehmen, zu analysieren oder zu erstellen. Wir können auch in Bildern und Symbolen denken; dazu kommen noch Sinneswahrnehmungen (Sehen, Hören, Riechen, Schmecken, Tasten), Erinnerungen, Intuition, Träume, künstlerischer Ausdruck, Fantasie, Kreativität, Gefühle usw. Der Lernprozess wird umso effektiver, je mehr diese Elemente einbezogen werden.

Nicht nur die Augen

Optische Reize bestimmen zum Großteil unsere Wahrnehmung. Im Gegensatz zur Mehrheit der Säugetiere, die sich vorwiegend auf den Geruchs- und Hörsinn stützen, erforschen die Menschen ihre Umgebung hauptsächlich mit den Augen. Bilder sind uns sehr wichtig. Dazu kommt noch der **Synergieeffekt.** Während wir uns z. B. beim Lesen eine Szene genau vorstellen, schließen sich die anderen Sinne mit ein: wir „hören", „fühlen", „schmecken", manchmal wird uns sogar schwindlig, wenn wir uns in einen Schiffskapitän mitten im Sturm versetzen! Wir denken an eine Zitrone, deren saurer Saft langsam auf unserer Zunge zerfließt – und schon haben wir den Mund voller Speichel. Wir stellen uns Omas Kommode vor und vernehmen den penetranten Geruch ihrer Herztropfen... Wir fangen an, "The Pickwick Papers" zu lesen, und gleich, von Bärenhunger geplagt, plündern wir unseren Kühlschrank...

Othello, deine Visualisierungskraft bringt dich wohl etwas zu weit.

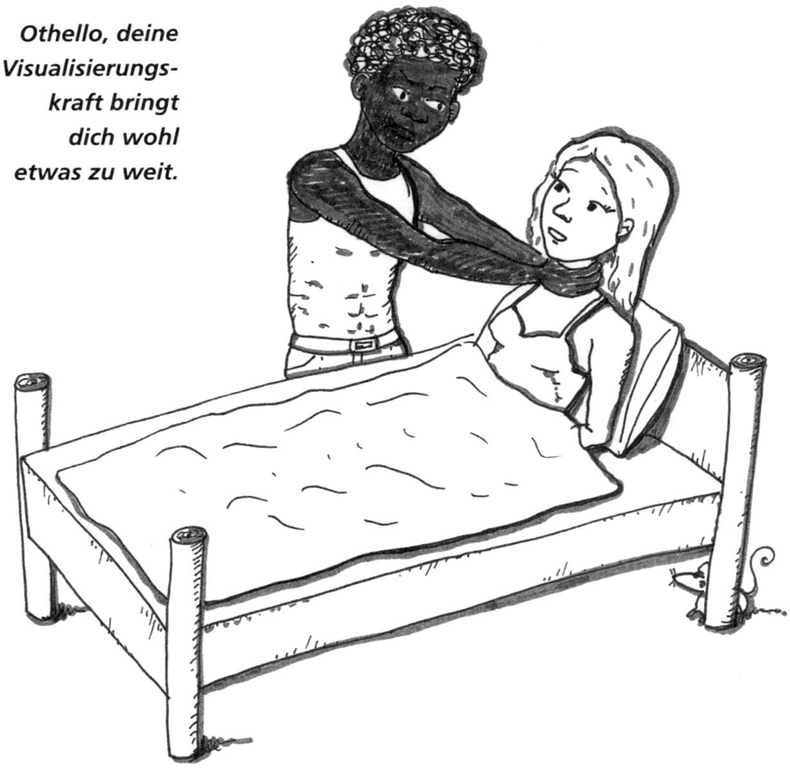

Visualisierung birgt eine Kraft, deren Stärke wir kaum erahnen können. Tibetische Buddhisten erlangen Erleuchtung, indem sie in ihren Meditationen Buddhaformen aus Licht und Energie verwenden. Die Vorstellung einer geliebten Person in den Armen eines anderen hat dagegen zu mehreren Tragödien geführt... Die Fähigkeit zur Visualisierung bedeutet großes Potential. Wir können sie in unserem Unterricht gut nutzen.
Als ich selber Englisch am British Council studierte, haben wir einmal eine ungewöhnliche Hausaufgabe bekommen. Wir mussten möglichst schwierige Vokabeln im Wörterbuch finden, um unsere Lehrerin abzufragen. In unserem "Pre-Proficiency"-Jahr hatten wir schon eine Ahnung davon, welche Wörter schwierig sind. Wir haben unsere "Longman Dictionaries of Contemporary English" ziemlich gründlich durchsucht – trotzdem hat die Lehrerin alle Bedeutungen erraten. Sie hat uns gezeigt, wie sie sich die Worte merkt. Zum Wort "filth" sagte sie:
„Mag ich dieses Wort? Nein, ich mag es nicht. Es ist nicht angenehm. Irgendwie

dunkel, vielleicht auch etwas klebrig. Ich muss an dunkle Ecken denken. Alt. Formlos. Kann ich es berühren? Mag nicht. Ugh, es ist ekelhaft. Wie ein alter Dreck. Es ist Dreck, nicht wahr?"
Auf diese Weise hat sie alle Wörter entschlüsselt, die wir für sie mühsam herausgefunden haben. Vokabeln waren für sie Bilder mit großer emotionaler Ladung. Ihr Wortschatz war enorm, ihr Sprachgefühl erstaunlich.

Visualisierung ist keine neue Methode

Schon Mönche im Mittelalter nutzten sie, um schnell und viel auswendig zu lernen. Die ausführliche Beschreibung ihrer visuellen Mnemotechniken finden wir im Werk von Mary J. Carruthers "The Book of Memory: A Study of Memory in Medieval Culture". Dieses Buch ist sehr zu empfehlen. Unsere mittelalterlichen Vorgänger waren zu viel mehr fähig, als wir ihnen zumuten würden. Nur ein kleines Beispiel (ein Ratschlag an die Mönche, die lateinische Texte auswendig lernen mussten): „Wenn du dir die Silbe ‚ab' merken musst, denk an einen Abt (abbot). Für die Silbe ‚ba' stell dir einen Abt vor, der auf dem Kopf steht." Je bunter und extremer die Bilder, desto besser kann man sie sich merken – das wussten schon mittelalterliche Experten.
(Sie interessieren sich für diese Art Gedächtnistraining? ➡ www.diedenker.de)

Passives und aktives Visualisieren

Passives Visualisieren
verwenden wir, indem wir unseren Schülern fertige visuelle Lösungen bieten (Symbole, Diagramme, Schemen, Bilder, Filme usw.). Damit können wir folgendes erreichen:

1. Visualisierung hilft dem Verstehen.
„Ein Bild ist tausend Worte wert", sagt ein englisches Sprichwort. Wie könnte man zum Beispiel Schüler in den Dschungel der englischen Präpositionen einführen, ohne Dinge zu zeichnen oder zu zeigen? Manchmal ist ein Bild (oder eine Geste) die einfachste Erklärung.

2. Indem wir Bilder und Körpersprache verwenden, verlängern wir die Phasen, in denen wir ausschließlich Englisch verwenden, ohne dass unsere Schüler verwirrt oder überfordert werden. Auch wenn die Lernenden nicht gerade jedes Wort verstehen, wissen sie, worum es geht (oder glauben zumindest es zu wissen), und sind einfach zu beschäftigt um zu merken, dass sie schon längst den sicheren Boden ihrer Muttersprache verloren haben... so können wir die Lernenden vom ständigen Deutsch-Englisch-Übersetzen immer länger abhalten und ihnen eine neue Ausdrucksweise beibringen.

3. Visuelle Vorstellungen unterstützen das Gedächtnis.
Dominic O'Leary, der "world champion memory man" (diesen Titel erhielt er, nachdem er die Reihenfolge aller Spielkarten aus 35 Päckchen wiederholen konnte) sagt: „Merke dir Bilder, nicht die Worte. Worte sind schwer zu speichern, Bilder dagegen sehr einfach. Zum Beispiel, wenn du dir den Namen Kate merken willst, denk an eine Katze. Für die Zahl 8814 denk an zwei Schneemänner, einen Baum und einen Vogel."

4. Zusammenhänge werden sichtbar. Schüler können sich eine Meinung darüber bilden, wie die Dinge zusammengesetzt sind, welche Worte zueinander passen und welche nicht miteinander zu vereinbaren sind (z.B. "can" und "-ing"-Formen). So entwickeln sie Sprachgefühl.

Manche Wörter passen zueinander, andere dagegen nicht.

5. Wir können den gelernten Stoff schnell wiederholen, erweitern, anders strukturieren, Zweifel klären.

6. Schüler merken sich Beispiele. Als ich im Gymnasium war, gab uns unser Geografielehrer visuelle „Eselsbrücken" für die Namen jedes Industriegebiets in der ehemaligen Sowjetunion. Eines von ihnen hieß z.B. auf Russisch „Schräges Horn." Dort wurde viel Stahl produziert. Der Lehrer hat uns empfohlen, dabei an eine eiserne Sichel zu denken. Wir konnten uns noch daran erinnern, nachdem es längst keine Sowjetunion mehr gab.

7. Das Vertrauen in die Kompetenz des Lehrers wird stärker. Die Schüler sehen, dass er viel mehr weiß, als im Buch steht. Im besten Fall begreifen sie, dass ihr Lehrer sein Sachverständnis dazu nutzt, um ihnen beim Beherrschen des Schulstoffs zu helfen. So profitieren sie noch mehr von seiner Erfahrung.

8. Selbst die „verschworenen Mammutfänger", die nur wenig Begeisterung für die mündliche Kommunikation zeigen, bekommen etwas, womit sie arbeiten können. Es reduziert ihre Hemmungen und ermutigt sie zum Sprechen.

Aktives Visualisieren
besteht darin, dass die Schüler am Entstehen der visuellen Darstellungen teilnehmen. Dadurch wird Folgendes erreicht:

1. Kreativität und Selbstständigkeit unserer Schüler werden gefördert.
2. Die Schüler werden von „Konsumenten" zu „Produzenten".
3. Sie lernen, im Team zu arbeiten.
4. Sie können sich frei ausdrücken und bekommen die Möglichkeit, ihre Ideen zu präsentieren.
5. Wir lernen sie besser kennen und können besser auf sie eingehen.
6. Der Stoff bleibt im Gedächtnis – man merkt sich 30 % des Gehörten, aber 70 % davon, was man selbst gesagt hat und 90 % davon, was man selbst gemacht hat.
7. Wir können den Unterricht attraktiv gestalten.

8. Auch die Schüler, die sich mit linearen Strukturen schwer tun, können ihren Beitrag leisten (zum Beispiel eigene Mindmaps gestalten).

Wie verwendet man visuelle Lernmethoden NICHT?

Ich hatte das Glück, an einem pädagogischen Experiment teilnehmen zu dürfen. Im Gymnasium „ASSA" in Breslau gab es keine Klassen und kein fixes Programm (nur Lerninhalte, die unsere Schüler binnen eines Semesters beherrschen mussten). Es gab auch keine Anwesenheitspflicht. Wir gingen davon aus, dass sich die Schüler von unserem interessanten Angebot angesprochen fühlten und so zum Lernen angespornt würden. Wir mussten unseren Unterricht attraktiv gestalten, ansonsten genossen wir als Lehrer unbeschränkte Freiheit. Selbstverständlich war die Versuchung groß, alles visuell zu erklären. Lehrer aller Fächer überboten sich in interessanten, ausdrucksvollen Symbolen und Metaphern. Die Schüler wurden dazu aufgefordert, sich frei auszudrücken und ihre Ideen und Assoziationen ohne Einschränkungen mitzuteilen.

Denken Sie vielleicht, dass wir eine ideale Schule geschaffen hatten?

Ein Haufen hoffnungsloser Exzentriker?

Nicht ganz. Unsere Schüler wurden zunehmend verwirrt. Sie hielten uns für einen Haufen hoffnungsloser Exzentriker und hatten keine Ahnung, worauf wir hinzielten. Mangelhaftes Grundwissen behinderte ihre Kreativität und ließ die aktive Visualisierung nicht zu. Die Schönheit unserer Modelle ging an ihnen vorbei. Wie in der Musik Komposition und Improvisation zusammengehören, so ist schöpferische Freiheit im Unterricht ohne vorgegebene Inhalte nicht zielführend. Dazu:

1. Nicht alle Schüler sind visuell veranlagt. Manche ziehen es vor, sich die Silbe „ba" ohne die Vorstellung eines auf dem Kopf stehenden Abtes zu merken. Dieses lustige Bild empfinden sie eher als verwirrend. Wir sollten es ihnen nicht aufdrängen, sondern genug Platz für andere Erklärungen lassen.
2. Wenn wir unseren Schülern immer fertige visuelle Lösungen anbieten, bevor sie nachdenken können, fördern wir ihre Passivität und Faulheit. Blitzschnell gewöhnen sie sich an den „vorgekauten Stoff" und geben sich mit allem zufrieden. Es ist erstaunlich, wie rasch sich ein Mensch kritisches Denken abgewöhnen kann.
3. Wenn die Schüler ihre visuellen Modelle selber gestalten, kann dies sehr zeitaufwändig sein und zu endlosen Diskussionen führen.
4. Bei der Gruppenarbeit können sehr dominante Persönlichkeiten die ganze Initiative übernehmen und die anderen in die Passivität treiben.
5. Der Inhalt kann die Form dominieren, während beim Sprachunterricht die Form von Bedeutung ist.

Optimierung der Methoden

Um zu entscheiden, welche visuelle Lernmethoden wir verwenden wollen (und ob wir sie überhaupt in unserem Unterricht nutzen können), müssen wir uns folgende Fragen beantworten:

1. Welche Lerninhalte sollen meine Schüler in dieser Unterrichtsstunde beherrschen?
2. Wie viel Zeit steht mir zur Verfügung?
3. Wer sind meine Schüler?

Wenn es ernste Probleme mit Disziplin gibt, ist eine kreative Gruppenarbeit kaum möglich. Am letzten Tisch wird sowieso Karten gespielt oder Ähnliches. Um zuerst die Aufmerksamkeit der Schüler zu gewinnen, können interessante individuelle Arbeitsblätter von Vorteil sein.
Fügsame, opportunistische Schüler(innen!) nehmen nur ungern am aktiven Visualisieren teil – wenn es viele von ihnen in einer Klasse gibt, muss man mit visuellen Methoden sehr vorsichtig umgehen.
Bei Zeitdruck bedienen wir uns passiver Lernmethoden, damit der Stoff schnell auswendig gelernt wird.
Mit etwas Zeit und aktivem Interesse der Schüler ist dagegen alles möglich!

Die Methode

Um Ihnen praktische Beispiele zu geben, werde ich in diesem Buch visuelle Unterrichtsmethoden anhand der englischen grammatikalischen Zeiten präsentieren, am *Hausmodell* (sehen Sie auch S. 10). Die grundlegende Idee ist, den Schülern ein „körperliches Gespür" für die Strukturen zu geben. Es geht darum, dass sie sich in der englischen Grammatik wie in einer vertrauten Umgebung orientieren, deren Merkmale sich in ihr Bewusstsein eingeprägt haben (z. B. die charakteristische Form des Kirchturms, der Geruch der Gerste aus der Brauerei, der Klang der Glocken, der steile Weg bergauf usw.).

Um Ihnen praktische Beispiele zu geben, werde ich in diesem Buch visuelle Unterrichtsmethoden anhand der englischen grammatikalischen Zeiten präsentieren.

Wie ist das Hausmodell entstanden? Ich gehöre zu den Lehrern, die beim Erklären mit den Händen wie ein Hubschrauber in der Luft herumwirbeln. Eines Tages ist mir plötzlich klar geworden, dass ich immer bei den gleichen Themen dieselben Gesten mache. Interessanterweise schienen diese Gesten meinen Schülern das Verstehen deutlich zu erleichtern. Manche grammatikalische Zeiten habe ich ihnen unbewusst als vertikal präsentiert, andere als waagerecht oder diagonal… Warum eigentlich? Ich habe darüber nachgedacht – und es machte Sinn! Der Körper ist viel schlauer, als man denkt!

Warnung!

Vergessen Sie beim Lesen nicht, dass Sie ja nie alle Zeiten gleichzeitig oder direkt nacheinander einführen. Wenn Sie dieses Heft von vorn bis hinten durchlesen, kann sich leicht ein „Schwindelgefühl" einstellen – es ist etwas viel auf einmal. Genießen Sie das Buch in diesem Fall in „kleinen Dosen"! Und übernehmen Sie nur, was zu Ihnen passt!

Das Hausmodell

Wenn man davon ausgeht, dass die englischen grammatikalischen Zeiten sich nicht aus Bösartigkeit den Ausländern gegenüber ergeben, sondern ein Ausdruck einer anderen Logik sind, kann man sich das gesamte System in Form eines Hauses vorstellen. Das Haus hat vier Ebenen: die Vorvergangenheit, die Vergangenheit, die Gegenwart und die Zukunft. Jede Ebene hat eine eigene Farbe (mehr dazu auf der nächsten Seite). Die Vorvergangenheit wird als ein dunkler Keller dargestellt, der selten benutzt wird – nur wenn es anders nicht geht. In diesem Bereich herrscht Past Perfect.

Die Vergangenheit belegt das Erdgeschoss (gelb). Alle Dinge sind hier abgeschlossen und wirken sich nicht direkt auf die Gegenwart aus. Es ist der Bereich von Simple Past.
Der erste Stock (die Gegenwart) hat einen sehr bürgerlichen Charakter. Hier ist alles beständig und vorhersehbar. Es gibt weder Platz für Überraschungen noch für kurzfristige Änderungen. Es ist die Domäne von Simple Present (blau).
Ganz oben, auf der Terrasse mit viel Licht, Musik und grünen Pflanzen, ist Future Simple zu Hause (grün). Hier befinden sich alle Dinge, die passieren werden – egal, ob man sie jetzt schon voraussehen kann oder nicht.

So entstehen vier solide Stockwerke:

grün	„so wird es sein" – Future Simple	**ZUKUNFT**
blau	„so ist es" – Simple Present	**GEGENWART**
gelb	„so war es; jetzt nicht mehr" – Simple Past	**VERGANGENHEIT**
dunkel	„so war es, bevor etwas anderes geschah" – Past Perfect	**VORVERGANGENHEIT**

Im Erdgeschoss und im ersten Stock gibt es Fenster, durch die man schauen kann. Auch auf der Dachterrasse gibt es zwischen den Pflanzen eine Lücke, die Aus- und Einblick erlaubt. Diese drei „Beobachtungsstellen" stehen für Past Progressive, Present Progressive und Future Progressive. Sie lassen uns sehen, was in einem konkreten Augenblick der Vergangenheit, der Gegenwart und Zukunft im Gange war, ist oder sein wird.
Jetzt fragt sich vielleicht der aufmerksame Leser: „Wo ist denn Present Perfect und Present Perfect Progressive, ganz zu schweigen vom Past Perfect Progressive?" „ Was ist mit dem Future Perfect und *going to*?" Auch diese Zeiten haben ihren Platz im Haus. Ihre Aufgabe besteht darin, die verschiedenen Ebenen zu verbinden (wenn z. B. etwas seit einiger Zeit andauert [Vergangenheit + Gegenwart], wenn sich ein früheres Ereignis jetzt auswirkt [Vergangenheit + Gegenwart], wenn man jetzt für die Zukunft Pläne macht [Gegenwart + Zukunft] usw.). Dementsprechend werden sie als Treppe und Aufzüge dargestellt, die von einem Stockwerk in das nächste führen. Detaillierte Beschreibungen finden Sie bei der Präsentation der jeweiligen Zeiten, das allgemeine Diagramm auf der KV 1 (Seite 10). Wenn Sie möchten, können Sie sich auch ein Beispiel anschauen. Im Text auf der KV 16 (Seite 46) ist jeder Satz in einer anderen grammatikalischen Zeit. Auf der KV 17 (Seite 47) sind alle Sätze den verschiedenen Hauselementen zugeordnet.

Kopiervorlage 1, Seite 10
Kopiervorlage 16, Seite 46
Kopiervorlage 17, Seite 47

Oft wird mir die Frage gestellt: „Warum ist eigentlich Simple Present der erste Stock, und nicht das Erdgeschoss?" Nun, Sie erinnern sich? Das Simple Present hat einen „bürgerlichen Charakter". Und was wäre bürgerlicher als die *Beletage*, das Stockwerk der Bürger?

Beim Modell spielen Farben eine wichtige Rolle. Ich habe mich für hoffnungsvolles Grün für die Zukunft, allumfassendes neutrales Himmelblau für die Gegenwart,

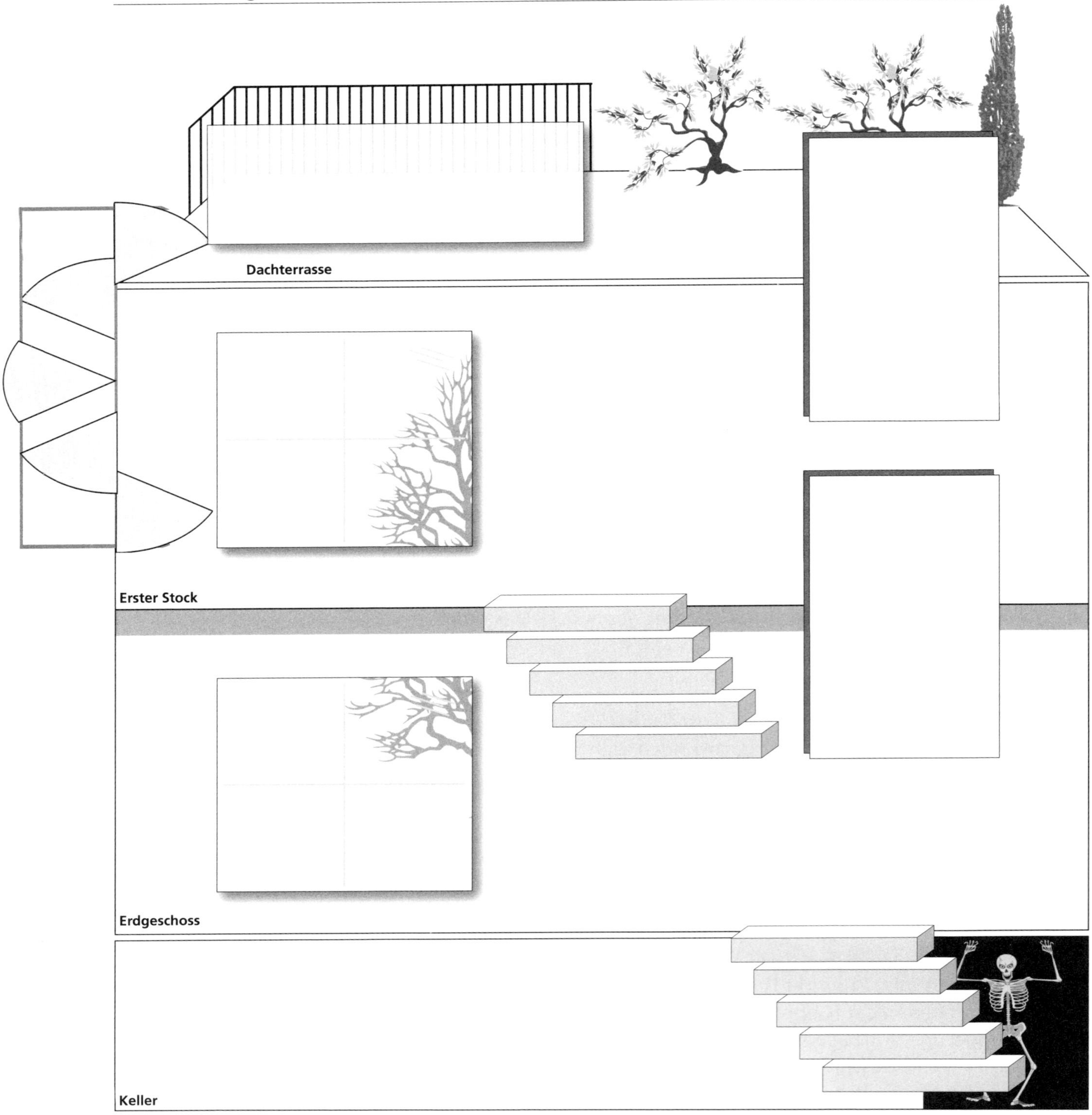

Bedeutung der Elemente:

Keller: Past Perfect · **Erdgeschoss:** Simple Past · **Erster Stock:** Simple Present · **Dachterrasse:** „Will-future".

Die Fenster:
Im EG: Past Progressive, im I. Stock: Present Progressive; die Beobachtungsstelle auf der Dachterrasse: Future Progressive.

Die Aufzüge:
Zwischen dem EG und dem I. Stock: Present Perfect; zwischen dem I. Stock und der Dachterrasse: Future Perfect.

Die Treppen:
zwischen dem Keller und dem EG: Past Perfect Progressive; zwischen dem EG und dem I. Stock: Present Perfect Progressive; die Feuertreppe auf die Dachterrasse: „going to-future".

Herbstgelb für die Vergangenheit und abstoßendes Schwarz für die Vorvergangenheit entschieden. Mit dieser Farbwahl habe ich gute Erfahrungen gemacht. Wenn Sie wollen, können Sie aber die Schüler auch andere Farben wählen lassen. Sollen sie sich z.B. für eine rosa Zukunft entscheiden und eine Begründung dafür finden, dürfen wir Rosa akzeptieren. Hauptsache – die Gründe für die Farbwahl sind überzeugend für alle, denn ohne Überzeugung wird kein „Bauchgefühl" entstehen können.

Das Hausmodell im Unterricht

Stellen Sie sich Folgendes vor:
Sie kommen ins Klassenzimmer und fangen Ihren ersten Unterricht damit an, die verschiedenen Stockwerke an die Tafel zu zeichnen (mit allen Aufzügen, Treppen, Fenstern usw.). Wenn Schüler dabei nicht in höchster Panik davonlaufen, können Sie froh sein.
Das komplette Modell ist für Anfänger viel zu kompliziert, und dadurch verwirrend. Deswegen präsentiere ich den Schülern, die sich noch nicht mit den englischen Zeiten auseinander gesetzt haben, niemals das ganze Hausmodell. Ich fange klein an. Beim "Simple Present" verteile ich blaue Kopiervorlagen und sorge dafür, dass alle bequem sitzen und sich sicher fühlen, spreche ziemlich langsam, biete manchmal Kuchen an, lasse die Schüler an die Unvergänglichkeit des Himmels denken und verbringe viel Zeit mit „zuverlässigen" Zeitadverbien wie *never, sometimes, always* usw. Wir beschäftigen uns dabei vorwiegend mit dem Thema „zu Hause". So entsteht im Unterbewusstsein der Schüler eine intuitive Verknüpfung zwischen Simple Present und einem bequemen blauen Stockwerk. Dann führe ich Present Progressive ein und wir beobachten die Dinge durch das Fenster. Die Schüler finden es später natürlich, die Sätze in dieser Zeit mit diesem Symbol zu markieren. So haben wir schon zwei Elemente – ein Stockwerk und ein Fenster. Später kommt Simple Past. Ich führe diese Zeit mit einer Handgeste ein: ich zeige zwei parallele Flächen: die obere steht für die Ebene "Simple Present", die untere für "Simple Past".
Und weil wir schon ein Stockwerk als Symbol für eine dieser Zeiten akzeptiert haben, lassen sie sich auf die Vorstellung eines zweiten Stockwerks darunter problemlos ein... und so, stufenweise und langsam, werden die verschiedenen Elemente eingeführt – die Schüler lernen alle Zeiten im Rahmen einer überschaubaren Struktur, ohne dass diese Struktur so richtig in den Vordergrund kommt. Als Konstrukt existiert sie nur im Hinterkopf des Lehrers.

Ich fange klein an.

Den Schülern, die sich bereits mit den englischen Zeiten auskennen, können wir mit gutem Gewissen das komplette Modell zeigen und erklären. Sie nutzen es gerne beim Wiederholen und bei der indirekten Rede.

Die einzelnen Zeiten in visueller Auffassung

Simple Present

Zuerst ist es wichtig, dass Schüler verstehen, warum sich die Engländer für zwei verschiedene grammatikalische Zeiten entschieden haben, um die Gegenwart zu beschreiben. Wir führen ihnen vor Augen, wie ungenau die deutsche Sprache eigentlich in dieser Beziehung ist. Was soll der Satz *Sie geht in die Schule* bedeuten? Heißt es *Sie ist auf dem Weg zur Schule* oder *Sie ist eine Schülerin*? Oder dieser: *Er spricht kein Englisch.* Spricht er kein Englisch in diesem Moment, weil er sich z. B. gerade mit seinen Freunden auf Deutsch unterhält, oder spricht er überhaupt kein Englisch? Vielleicht können uns auch unsere Schüler ein paar Beispiele geben?

Nachdem wir eine gewisse Klarheit diesbezüglich geschaffen haben, fangen wir mit dem Aufbau der visuellen Assoziationen an. Wir verbinden die grammatikalische Struktur mit dem Gefühl, dass es sich um etwas Unveränderliches (Himmelfarbe; keine Wolken können den Himmel beeinflussen), Vertrautes und Zuverlässiges handelt. Wir können dabei an den Raum denken – daran, was uns ständig umgibt. Darum werden alle Übungsblätter auf blaues Papier kopiert.

... ein Schrank bewegt sich nicht ...

Dieses „beständige Gefühl" wird zusätzlich durch den Inhalt der Übungen vermittelt. Die ersten Übungen beziehen sich auf das Haus. Warum? Bemühungen der Quantumsphysiker völlig ignorierend, behaupten die Briten, dass zumindest ein Teil der Wirklichkeit stabil und voraussehbar wäre. Etwas geschieht immer, manchmal, nie – auf alle Fälle, es ist damit zu rechnen (oder nicht). Diese Beständigkeit lässt sich mit dem Thema „zu Hause" gut verbinden. Wir können die grundlegende Überzeugung unserer Schüler nutzen, dass ein solider Schrank sich weder verändern noch bewegen wird, auch dann, wenn man ihn gerade nicht beobachtet. (Beim Present Progressive sieht das etwas anders aus. Sobald man durch das Fenster schauend die Augen zumacht, hat man etwas verpasst – die schöne Nachbarin zieht sich zurück o. Ä.).

Wie können wir dieses „Zu-Hause-Gefühl" noch stärken? Ein gemeinsames Kuchenessen prägt sich sehr stark ins Gedächtnis ein. Ein paar Tropfen Vanille-, Orange- oder Mandelaroma in einer Duftlampe sprechen das Unterbewusstsein an. Beim Thema *Simple Present* bitte ich manchmal meine Schüler, eine Minute mit geschlossenen Augen barfuß in ihrem Zimmer zu spazieren, bevor sie ihre Hausaufgabe machen. Dann spüren sie, wie solide und zuverlässig der Boden unter ihren Sohlen ist. Dadurch wird der Gleichgewichtssinn in das Lernen miteinbezogen.
Sicher gibt es ganz viele andere Möglichkeiten ... und so manche fallen Ihnen gerade ein, nicht wahr?

Kopiervorlage 2, Seite 13

1. **KV 2** (Seite 13)
   Aufgabe 1. Die Schüler stellen sich vor, sie seien Meteorologen, die ein Kapitel über das Klima in Europa für einen amerikanischen Reiseführer schreiben müssen. In Paaren entscheiden sie, welche der genannten Zeitadverbien sich dazu eignen, geben Satzbeispiele und streichen dann die überflüssigen Wörter. Nachdem jeder Schüler seine Wahl getroffen hat, teilt er sie seinem Partner mit und begründet sie. Dieser Ideenaustausch soll kurz sein.
   Aufgabe 2: Auch hier unterhalten sich die Schüler und begründen.
   Mehr Zeit räumen wir der Aufgabe 3 ein, bei der die Schüler die Endung „s" und das Hilfsverb "doesn't" üben, indem sie der Klasse über die Ideen des Partners erzählen. Danach stellen wir die Fragen: "What is the owner of each room like?" und "What are his/her parents like?" und selbstverständlich: "Why do you think so?"

Kopiervorlage 3, Seite 14

2. **KV 3** (Seite 14)
   Eine fliegende Untertasse saust an unserer guten Erde vorbei. Die Vorräte sind knapp und eine Zwischenlandung wäre äußerst hilfreich. Ist das Risiko aber

1. Cross out all the words you can't use to describe a climate:
   always, never, tomorrow, regularly, every Monday, seldom, now, just, today, sometimes, every now and then, systematically, once a week, the next day, after that

2. Which of these rooms could be yours? Why? Which of the rooms would you never want to live in? Why?

3. Compare your ideas with the ideas of your partner. Tell the class about his/her choice and his/her reasons.

Two aliens are lost in space. Suddenly they can see the Earth. They would love to land on it and explore it, but they don't know if it's not too dangerous. They ask their computer 10 questions about people. What questions do they ask? Work in pairs.

1. Are there any ____?
2. How many ____?
3. Do they ____?
4. Have they got ____?
5. Can they ____?
6. Why do they ____?
7. Are they ____?
8. Why don't they ____?
9. How do they ____?
10. Do they like ____?

What do you think?
Is the Earth a good place to live? Why? Why not?

nicht zu hoch? Die außerirdischen Wesen befragen ihren Computer nach der Erde und ihren Einwohnern.
Aufgabe 1: Was für Fragen stellen sie? In Paaren überlegen sich die Schüler 7 Fragen, die vor der Landung unbedingt gestellt werden sollen. In Vierer-Gruppen erstellen sie Listen zu je 10 Fragen. Diese werden gemeinsam beantwortet.
Achtung! Seit langem besteht keinerlei Verbindung zwischen dem Raumschiff und dem Heimplaneten! Der Computer kann deshalb nur das allgemeine Wissen vermitteln, nicht die Auskunft über die neusten Entwicklungen auf der Erde! Also müssen all die Fragen im Simple Present formuliert werden!
Aufgabe 2 können wir als eine offene Diskussion durchführen, beziehungsweise als Rollenspiel. Dann beauftragen wir einen Schüler mit der Kritik an der Erde und den zweiten mit der Verteidigung. Danach entscheidet die Klasse, wer überzeugender war.
Wenn die Zeit knapp ist, eignet sich die Aufgabe 2 als Hausaufgabe – sieben Sätze genügen.

3. Jeder Schüler erhält ein blaues Blatt Papier. Das Blatt soll quer gelegt werden. Die Schüler zeichnen ein Mindmap: "My ideal lifestyle". Sie können sich alles vorstellen – Luxusresidenzen, Reisen, Bedienstete, Unterhaltung … Die Mindmaps sollen deutlich geschrieben werden – Filzstifte sind hier von Vorteil. Diese Mindmaps dürfen nicht mit Namen versehen werden!

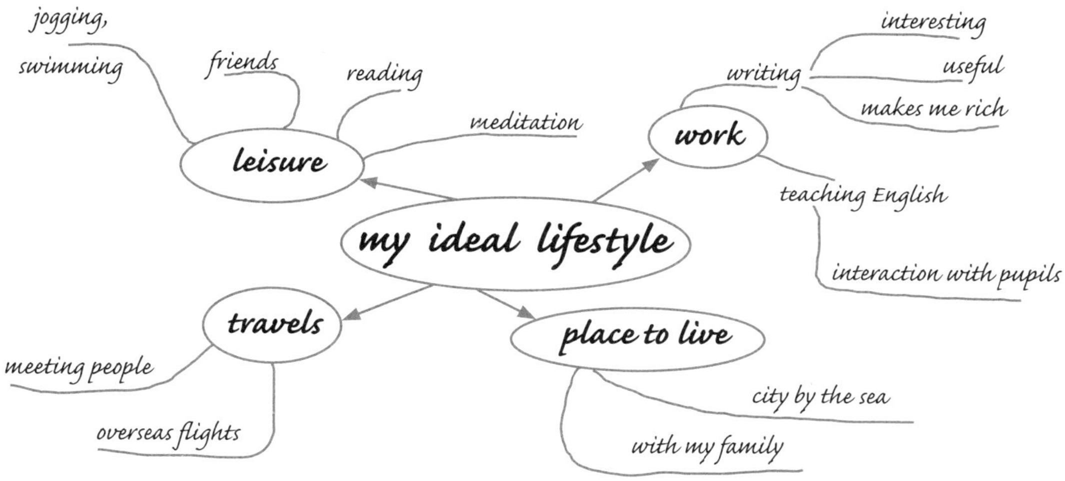

Mein Mindmap

4. Sie sammeln alle Mindmaps, mischen und verteilen sie. Die Schüler raten: "Whose ideal lifestyle can that be? Why do you think so?"
"This person travels a lot, so it must be …"

5. "s", "do", "does", "don't" und "doesn't", deutlich geschrieben auf einem blauen Blatt Papier begleiten uns von jetzt ab (z. B. aufgehängt an einer Pinnwand), bis kein Schüler mehr Schwierigkeiten damit hat. Selbstverständlich kann es etwas dauern …

Present Progressive (Continuous)

Das Symbol für Present Continuous ist ein blaues Fenster. Wir schauen durch dieses Fenster und sehen nur das, was sich gerade abspielt. "Maria is learning English", stellen wir fest. Na und? Was wissen wir schon über Maria? Vielleicht lernt sie Englisch mehrere Stunden am Tag, als Lieblingshobby. Es ist aber gut möglich, dass sie ein Faulpelz ist und erst jetzt ihr Buch in der Hoffnung „irgendwie doch eine 4 zu

Are you a good observer?
You've got two minutes to look at these pictures. Try to remember as many details as possible.

Now compare your notes with your partner. Are there many differences?

You are driving a taxi. / You are repairing a bike.

You are listening to your favourite music.

You are washing a pair of old, dirty socks.

You are cooking a meal for 20 people.

You are reading a horror story. / You are waiting at a dentist's.

You are watching a football match. Your team is losing at the moment.

You are watching a football match. Your team is winning at the moment.

You are swimming in a sea full of sharks.

You are helping to carry a wardrobe upstairs.

You are running after your dog.

You are climbing a mountain in a strong wind.

You are making a phone call in a noisy room.

You are feeding a monkey. / You are riding a camel.

You are buying melons at an open- air market.

You are trying to catch wet soap in a bathroom.

You are sleeping and having a nightmare.

schaffen" aufgeschlagen hat. Wir haben keine Ahnung. Durch das Fenster sehen wir nur einen kleinen aktuellen Ausschnitt der Wirklichkeit, das, was gerade im Gange ist. Ein anderes Beispiel: "Our neighbour is kissing his wife." Sonst streiten sie womöglich die ganze Zeit. Oder auch nicht. Wer will es schon wissen?
Etwas geschieht jetzt, um diese Zeit, heute Abend – einmalig, flüchtig, vergänglich, vorübergehend. Das sollen unsere Schüler nicht nur intellektuell, sondern auch intuitiv begreifen. Wir können die am Fenster sitzenden Schüler beauftragen, uns zu berichten, was gerade auf dem Schulhof alles stattfindet: Are there any people? What are they doing? Are there any animals? What are they doing?
Das Fenster als Symbol begleitet alle Aktivitäten – Es kann z. B. mit blauer Kreide an die Tafel gezeichnet oder aus 6 Streifen blauem Papier gemacht und mit Tesafilm an einer gut sichtbaren Stelle befestigt werden.

Kopiervorlage 4, Seite 16

1. Zeigen Sie den Schülern 4 Bilder (z. B. aus Katalogen, Zeitschriften, Alben). Es sollen mindestens 2 Leute auf jedem Bild sein, nicht mehr jedoch als 5. Die abgebildeten Personen sollen beschäftigt sein – womöglich vermeiden wir Zeitungsfotos, wo alle mit einem angestrengten Lächeln in das Objektiv des Fotoapparats starren. Die Bilder sind auf dem Blatt, auf blauem Hintergrund, so platziert wie auf der KV4 (Seite 16). Wenn wir keine großen schönen Bilder auf blauem Geschenkpapier zur Verfügung haben, verwenden wir KV4 auf hellblauem Papier. Je zwei Schüler erhalten ein Blatt zum Anschauen. Die Bilder werden zwei Minuten lang betrachtet. Während dieser Zeit dürfen keine Notizen gemacht werden.
   Während die Schüler die Bilder betrachten, schreiben wir folgende Fragen an die Tafel: *How many people are there in each picture? What are they wearing? What are they doing? Where are they? Are there any animals? Which ones? Where are they? What are they doing?*
   Mit Hilfe der Fragen beschreiben sie die Bilder, so wie sie sich daran erinnern können. *"There is a boy sitting on a stool in front of a gentleman"* usw. Diese Übung kann in Paaren gemacht werden. Im Anschluss vergleichen die Schüler ihre Beschreibungen mit den Bildern. Sie korrigieren die Sätze, die nicht stimmen: *"He isn't tying shoelaces, he is cleaning shoes."* Die Schüler, deren Beschreibung am meisten Informationen und am wenigsten Fehler enthält (Plus- und Minuspunkte werden gewissenhaft gezählt), bekommen den ehrenvollen Titel *Memory Masters.*

Kopiervorlage 5, Seite 17

2. Gruppen von 3 Schülern erhalten je einen Papierstreifen mit einem Satz. Ein Schüler soll dann den Satz mitteilen, ohne Worte zu verwenden. Die anderen zwei helfen der Klasse, den vollen Inhalt zu erraten, indem sie zusätzliche Fragen stellen, z. B. "Yes, he's watching TV. But – what exactly is he watching?" Die Aufgaben befinden sich auf der KV5 (Seite 17).

Neben dem blauen Blatt Papier wird jetzt ein blaues Fenstersymbol an der Pinnwand befestigt. **"am", "are", "is" + "-ing"** füllt das obere linke Viertel des Fensters.

Simple Present versus Present Continuous

Kopiervorlage 6, Seite 20

Die Schüler erhalten die KV6 (Seite 20) auf blauem Papier. Jetzt können Zweifel darüber geklärt werden, was „flüchtig und vergänglich" und was „fest und zuverlässig" ist.

Besondere Aufmerksamkeit schenken wir dem Satz „Heute gehe ich ins Konzert." Für die Schüler ist es zwar selbstverständlich, dass man Gegenwartsformen in Bezug auf die Zukunft verwenden kann, jedoch ist fast immer Simple Present (und nicht Present Progressive) ihre erste natürliche Wahl. Um dem entgegenzuwirken, zeichnen wir auf der Tafel ein Männchen, das durch das Fenster auf die Dachterrasse klettert, und üben Sätze mit "tonight", "the day after tomorrow", "next Monday" usw. Jedes Mal zeigen wir auf die Silhouette des kleinen Akrobaten an der Tafel. Ähnlich drillen wir Fragen und Verneinungen. "What are you doing tonight?" (Symbol – Fenster; Übergang in die Zukunft ist gewährt) und nicht "What do you do tonight?" (Symbol – die Wohnung im ersten Stock ohne Zugang auf die Dachterrasse). Die Schüler sehen, dass das Fenster im ersten Stock ein ganz guter Weg aufs Dach sein kann ... sie sind im Alter, in dem sie sich das ganz leicht vorstellen können.
Aufgabe 2 ist als Hausaufgabe gedacht. Wir können unsere Schüler bitten, folgende Punkte zu berücksichtigen: food and drinks, clothes, means of transport, entertainment, social life, dangers, attractions.

Simple Past

Simple Past steht für abgeschlossene Vergangenheit. Das visuelle Symbol dafür ist ein Stockwerk (Erdgeschoss) mit viel Stauraum:
Dort werden alle früheren Geschehnisse, Worte, Gefühle und Gedanken gespeichert. Man kann sich einen langen, gelb gestrichenen Flur vorstellen. Diese Farbe erinnert uns an alte Briefe, vergilbte Postkarten und Blätter im Herbst. An jeder Seite entlang befinden sich Türen mit kleinen Messingschildern, auf die Zeitabschnitte geschrieben sind, z. B. *last year.* Wenn man eine solche Tür öffnet, befindet man sich in einem kleineren Flur mit vielen Türen. Auf diesen steht wieder z. B. *April last year, May last year,* und diese Türen lassen sich öffnen – usw. Die Räume sind unterschiedlich groß, weil mit einigen Zeitabschnitten viele Erinnerungen verbunden sind, mit anderen dagegen nicht.
Was auch immer in den Räumen gespeichert ist, wirkt sich nicht direkt auf die Gegenwart aus. Es gibt dort nichts Aktuelles, Frisches, nichts von den Sachen, die unsere jetzige Lage andauernd beeinflussen würden. Aus dem Satz *I lost my umbrella the day before yesterday* geht nicht hervor *I must buy a new one.* Warum? Vielleicht befindet sich folgende Auskunft im nächsten Zimmer mit dem Schild *"yesterday"* an der Tür: *I found my umbrella at the hairdresser's.*

Für alle Kopiervorlagen wird gelbes Papier benutzt.
Wie früher im Fall des Simple Present, können wir auch jetzt zusätzlich eine Duftlampe verwenden. Lavendelduft, wohl bekannt aus unterschiedlichen Mottenmitteln, sorgt für unterbewusstes Empfinden: „alt und abgeschlossen" (jetzt hoffe ich, dass niemand von meinen Lesern und Leserinnen Lavendelwasser verwendet ...).

Kopiervorlage 7, Seite 21

1. Die Schüler erhalten die KV 7 (Seite 21). Es ist ein 2-Wochen-Kalenderblatt. Wir informieren die Schüler darüber, dass dieses Blatt aus dem Kalender von Angela, einem englischen Mädchen in ihrem Alter, stammt.
   Wir betrachten dieses Blatt als den Plan eines Flurs mit vielen Räumen, in denen Erinnerungen der einzelnen Tage gespeichert sind. Diese Vorstellung wird dadurch erleichtert, dass jeder Kalendertag mit einer kleinen Tür markiert ist.

1. Translate the text, writing the sentences in Present Progressive into the window-diagram, and sentences in Present Simple below.

   Ich liebe Mozart. Heute gehe ich ins Konzert. Ich warte auf meine Freundin Sarah. Sie schminkt sich gerade.

   Das Telefon klingelt. Jemand will Sarah sprechen. Es ist ihre Schwester. Ich kenne sie nicht. „Warum sagst du mir nichts über deine Familie?", frage ich oft. Sie antwortet: „Oh, es regnet", oder „Wie viele Zähne hat ein Tiger?" Die Schwester hat eine nette Stimme. Sie ist so alt wie Sarah. Sie sind Zwillinge.

   Sarah schminkt sich immer noch. Es wird spät. Sie will sich nicht beeilen. Ich werde nervös.

   Heute gehe ich ins Konzert mit Sarahs Zwillingsschwester. Sarah mag sowieso keine Musik von Mozart.

2. You are a bored millionaire. You are spending a week's holiday pretending to be a beggar. Compare your two lifestyles. Start with: *"I live in a castle, but now I'm living under a bridge."*

October

12 Mon
boring

13 Tue
essay about Kafka – 4 full pages !

14 Wed
3 p.m. shopping with Lucy (gift for Mum)
hopeless evening:
cinema – a very silly comedy
argument with Simon

15 Thurs
7 a.m. a postman bitten by our Fluffy,
7.30 police visit · 11.00 maths awfully complicated · Simon nice like never before
A heap of homework

16 Fri
entire morning at the dentist's,
three teeth filled

17 Sat
Simon at his grandparents'
1 ½ hour chat with Doris
on telephone

18 Sun
rain, nothing happening

October

19 Mon
biology test, not good

20 Tue
headache
flowers from Simon

21 Wed
Mum's birthday,
dishwasher out of order,
4 hours washing-up!

22 Thurs
nothing special

23 Fri
1 p.m. caught reading a book under the desk, teacher very angry

24 Sat
photographs in the park
with Simon's new camera
very cold
home late, parents mad

25 Sun
bed rest
cold – running nose and fever

My weekend

Evening		WEEKEND	Morning	Lunch time	Afternoon
Tea time	Saturday		Sunday		
Early afternoon			Evening		
Later that morning	Early morning				

My partner's weekend

Evening		WEEKEND	Morning	Lunch time	Afternoon
Tea time	Saturday		Sunday		
Early afternoon			Evening		
Later that morning	Early morning				

What did you do last weekend? Fill in the upper part of the chart. Then ask your partner questions about his/her weekend and complete the lower diagram. When you are both ready, compare your results.

Anschließend beschreiben die Schüler diese 2 Wochen aus Angelas Leben. Sie verwenden hierfür ein gelbes Blatt Papier für Simple Past. Sie können sich dabei vorstellen, in diesem gelb gestrichenen Korridor eine Tür nach der anderen zu öffnen, um Einblick in die Erinnerungen zu bekommen.

2. Diese Aufgabe erinnert an das Spiel „Schiffe versenken". Die Schüler arbeiten in Paaren. Zuerst füllt jeder von ihnen den oberen Teil des Diagramms auf der KV8 (Seite 22) aus. Auf dem unteren Teil werden die erfragten Aktivitäten des Partners/der Partnerin eingetragen. Hier müssen wir ein bisschen darauf aufpassen, dass unsere liebsten Schüler nicht schummeln und sich ihre Diagramme gegenseitig so lange nicht zeigen, bis sie völlig vervollständigt sind! Dann werden beide Blätter miteinander verglichen. Nach der Korrektur der eventuellen Unstimmigkeiten erzählt einer der Schüler von Ähnlichkeiten und Unterschieden zwischen ihren Wochenenden. Z. B. "I went to the cinema. Anke didn't go to the cinema, she visited her relatives." Wir bestehen darauf, dass die Verneinungen geübt werden! "did" und "didn't" auf einem gelben Blatt Papier werden unter dem blauen Blatt mit "s", "do", "does", "don't" und "doesn't" aufgehängt.

Kopiervorlage 8, Seite 22

Past Progressive

Das Symbol für Past Progressive ist – ja, Sie haben es richtig erraten – ein Fenster im Erdgeschoss, durch das man sehen kann, was im gegebenen Moment der Vergangenheit im Gange war. Wir können es den Schülern so erklären: ein gelangweilter Rentner beobachtete seine im Haus gegenüber wohnenden Nachbarn, als die Abendstille plötzlich vom lauten Knall eines Schusses unterbrochen wurde. Jetzt verhört die Polizei den neugierigen Alten: *"I was looking through the window when I heard the shot. At that time Mrs White was ironing, Mr. White was watching a football match with his friend, a policeman, and 4-year-old Tommy was playing with the policeman's gun."* Also – durch das Fenster im Erdgeschoss (die Vergangenheit) sehen wir, womit jeder der Nachbarn gerade in jenem Moment der Vergangenheit beschäftigt war.
Übungen zum Past Progressive kopieren wir auf ein weißes Blatt Papier mit dem Symbol eines gelben Fensters im rechten oberen Eck (die Schüler malen das Fenster selbst an), um die Schüler mit dem Phänomen einer „Hintergrundzeit" vertraut zu machen.

Simple Past versus Past Progressive

Der Unterschied zwischen Simple Past und Past Progressive wird den Schülern schnell klar.
Am Anfang kommen sie jedoch nur selten auf die Idee, die Verlaufsformen aktiv zu verwenden. Dazu reicht ein intellektuelles Verständnis nicht, weil es sich dabei um neue Gewohnheiten handelt. Das Rezept heißt: Übung. (Wie originell!) Die allgemein bekannten Übungen sind sehr effektiv. Wir können ihre Wirkung zusätzlich durch visuelle Symbole verstärken (gelbe Farbe für Simple Past, gelbes Fenster für Past Progressive).

Als Nächstes machen wir die Schüler darauf aufmerksam, dass die anscheinend „fast identischen" Sätze sehr unterschiedliche Bedeutungen haben können. Jeder Schüler erhält zwei Kopien der KV9 (Seite 24) – eine auf gelbem und eine auf

Kopiervorlage 9, Seite 24

Your teacher will give you two sheets of paper- a white one and a yellow one. First, draw a small yellow window in the top right corner of the white page. Then make complete sentences using simple past and the past progressive. Write the sentences in simple past on the yellow page and the sentences in past progressive on the white page with the window.

1. When their parents came home / the children/ do/ homework.

2. When I came to the party / he / leave.

3. When Detective Brown / get off / car / it suddenly exploded.

4. When John / leave/ hospital / he broke his leg.

5. The thief was arrested when he / spend / stolen money.

6. When David came home / his wife / cook / dinner.

7. When the bank robber / escape / with / a big bag full of money / the teller called the police.

8. When Mr Johnson / buy / a painting by van Gogh / he noticed it was a fake.

9.When Dorothy saw a huge shark / she / swim / very quickly.

10. The burglar / escape / when the police came.

11. When Judy had an accident / she / learn to drive.

12. When he met Susan, he / look for / new job.

13. When Robert heard he had a son / he / drink / champagne.

14. The film stars / leave / hotel / when journalists arrived.

15. When Anthony/ feed / his crocodiles / he lost his little finger.

16. The rain started when / our team / win / match.

17. When Harry saw a police car / he / drive / very fast.

18. When he / sign / contract / a much better offer came.

Compare the sentences on both pages with your Partner. Is their meaning the same or are there any differences?

weißem Blatt Papier. Zuerst wird auf dem weißen Blatt das gelbe Fenstersymbol eingetragen. Dann werden Sätze gebaut – im Simple Past auf dem gelben Blatt und im Past Progressive auf dem weißen. Anschließend versuchen die Schüler in Paaren festzustellen, inwiefern die Bedeutungen der Sätze auf dem weißen und auf dem gelben Blatt identisch sind. Bei der Besprechung der Ergebnisse sorgen wir dafür, dass die Unterschiede für alle offensichtlich werden. Am besten laden wir die Schüler dazu ein, uns die Szenen vorzuspielen.
Z. B. Zeile 1 der KV:
"When the parents came home/their children/do/homework" ergibt zwei Varianten:
1. "When the parents came home, their children were doing homework."
2. "When the parents came home, their children did homework."
Das sind ja zwei verschiedene Phänomene, nicht wahr? Im ersten Fall haben wir es mit kleinen Engelchen zu tun, die auch ohne elterliche Überwachung in ihren Heftchen fleißig kritzeln – im zweiten mit ganz normalen Kids, die im Internet surfen, Computer spielen oder verbotene Filme schauen, anstatt zu lernen, und sich erst dann an die Arbeit machen, wenn sie mit dem Jähzorn der Eltern konfrontiert werden. "What were the children doing, when their parents came home?" (im zweiten Fall) überlassen wir der Kreativität der Schüler. Wir wählen „Eltern" und „Kinder" und lassen sie die beiden Szenen präsentieren. Bei jeder Präsentation wird das jeweilige Zeitsymbol im Hintergrund sichtbar.

Present Perfect

Das Symbol für Present Perfect ist ein gläserner Aufzug. Er schafft eine schnelle Verbindung zwischen der Gegenwart und der Vergangenheit. Das heißt, man kann damit:
- schnell nachschauen, **ob** etwas in der Vergangenheit geschehen ist.
- in der Vergangenheit Erklärungen dafür finden, dass die Welt so ist, wie sie ist.
- ausdrücken, dass etwas schon seit einiger Zeit andauert.

1. Die Schüler geben die Beispiele der Situationen, die gleichzeitig die Vergangenheit und die Gegenwart einbeziehen (etwas dauert an; die Vergangenheit wirkt sich auf die Gegenwart aus). Die Beispiele sollen ihnen womöglich nahe liegen: „Ich habe meinen Kugelschreiber verloren /es spielt keine Rolle, wann/ und jetzt habe ich nichts zum Schreiben", „Ich kenne meinen Freund jetzt und ich habe ihn schon vorher zwei Jahre gekannt" usw.
2. Die Schüler arbeiten in Gruppen zu je 3–4 Personen. Gemeinsam tragen sie ihre Beispiele auf ein solches Diagramm auf:

In ein solches Rechteck (links unten), das einen Aufzug symbolisiert, werden die Beispiele eingetragen. Das Rechteck soll groß sein – aus Platzgründen ist es hier verkleinert.

3. "Have you ever..." – Arbeit mit einem Modell.

a) *Für das Modell benötigen Sie ein paar Kartonschachteln verschiedener Größe (die gleiche Höhe ist optimal, aber nicht notwendig), einige Postkarten aus verschiedenen Städten, ein paar Bücher, Fotos, zwei oder drei kleine Stofftiere o. Ä., Tesafilm und ein Glas, das den gläsernen Aufzug symbolisiert. Im Idealfall ist es ein Glas mit viereckigem Boden.*

b) Die Kartonschachteln werden zu einem Modell zusammengestellt und mit Tesafilm befestigt. Auf jede Box wird eine Tür gezeichnet und mit einer Zeitangabe beschriftet: z. B. "yesterday", "last Summer", "March 2002".

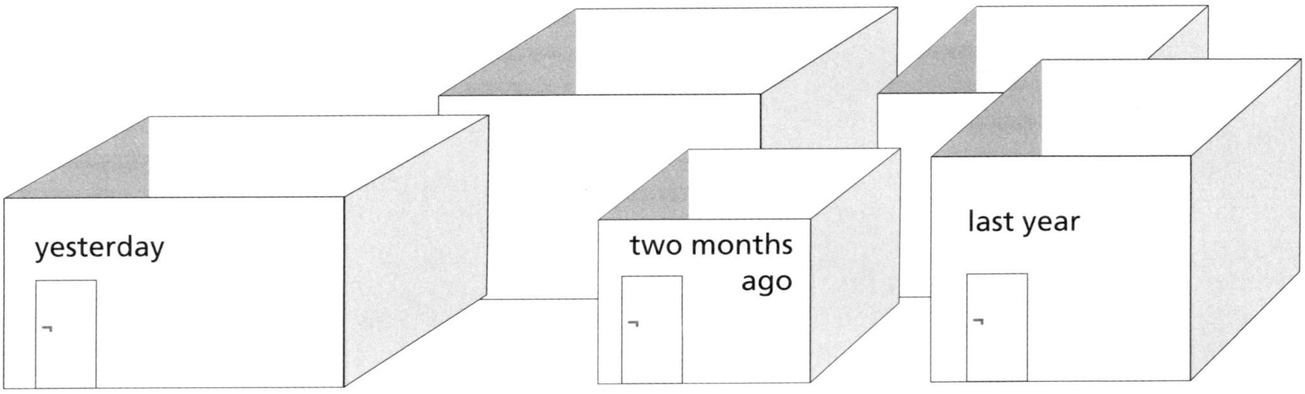

c) Verschiedene Dinge werden in die Schachteln verteilt. Wir nehmen z. B. eine Postkarte mit "Big Ben" und sagen: "I was in London two months ago."
Wir legen die Karte in die richtige Schachtel. Danach nehmen wir z. B. einen Stofftiger mit dem Kommentar: "I saw a tiger last year" und legen ihn in die Schachtel, die mit der Bezeichnung "last year" beschriftet ist. Dasselbe machen sie mit 4–5 anderen Gegenständen. Anschließend zeigen Sie auf die Schachteln und sagen:
"This is my past. These are places I've been to, books I've read, people I've met and animals I've seen." Dann dürfen die Schüler von oben einen Blick auf den Inhalt der Schachteln werfen.

d) Jetzt nehmen Sie ein Glas und halten Sie es über die Schachteln. So demonstrieren Sie, wie man beim Benutzen des Aufzugs die ganze Vergangenheit auf einen Blick sieht. Wir können dabei z. B. sagen: "This is a lift, it is made of glass. I can see all my past at one glance when I'm inside it. I can see that I have been to London, that I have seen a tiger... etc."
Dann leeren wir die Schachteln und laden zwei gute Schüler zum Versuch am Modell ein. Einer von ihnen wählt 6 Gegenstände und verteilt sie beliebig in die Schachteln. Mit "Have you ever been to China?", wenden Sie sich an den Schüler, der die Dinge deponiert hat, und Sie helfen ihm, die Frage mit "Yes, I have" oder "No, I haven't" zu beantworten. "Has he ever been to Japan?", fragen wir den zweiten Schüler. Wir weisen die Schüler darauf hin, dass sie sich vorstellen sollen, aus dem gläsernen Aufzug auf das Panorama ihrer Vergangenheit zu blicken. Das heißt, sie schauen sich die Schachteln von dem Punkt aus an, wo vorher der Aufzug war. Die Klasse stellt Fragen: "Has he ever...?" und "Have you ever...?" Die zwei „Auserwählten" antworten und zeigen der Klasse als Beweis die aus den Schachteln genommen Gegenstände. Wir passen auf, dass die Antworten nicht nur grammatikalisch richtig sind, sondern auch der „Wirklichkeit" entsprechen. Bei Bedarf mischen wir uns ein und fragen z. B.: "Haven't you met George W. Bush? And – what's that?" – und wir zeigen der Klasse das aus dem Modell entnommene Foto.

e) Mit einer Präsentation überzeugen wir die Schüler, dass sich der Aufzug für Fragen mit "when" nicht eignet. Noch einmal zeigen wir den Aufzug und verdeutlichen, dass aus seiner Perspektive nur der Inhalt der Schachteln sichtbar ist. Die Türschilder sieht man nicht. Wir können also keine "When have you ..."-Fragen stellen, sondern müssen die bereits bekannte Struktur "When did you ..." verwenden. Dasselbe betrifft positive Sätze mit Zeitangaben – auch hier ist das Present Perfect keine passende grammatikalische Zeit.
f) In Paaren üben die Schüler die Struktur: "Have you ever ...?" mit verschiedenen Inhalten der Schachtel.

4. Something has changed – ein Plakat
a) die Schüler bringen eigene Fotos mit – aktuelle **und** aus der Kindheit.
b) Die Fotos werden gesammelt und fotokopiert. Die Kopien werden später auf das Plakat geklebt.
c) Arbeit in Gruppen zu je 4–6 Schülern. Jede Gruppe macht ein Plakat, das die Veränderungen ihrer Mitglieder im Laufe der Zeit sichtbar macht. Unten die Fotos der Mitglieder als Kleinkinder auf gelbem Hintergrund, oben aktuelle Aufnahmen auf blauem Hintergrund. Die zu beantwortende Frage heißt: WHAT HAS CHANGED?

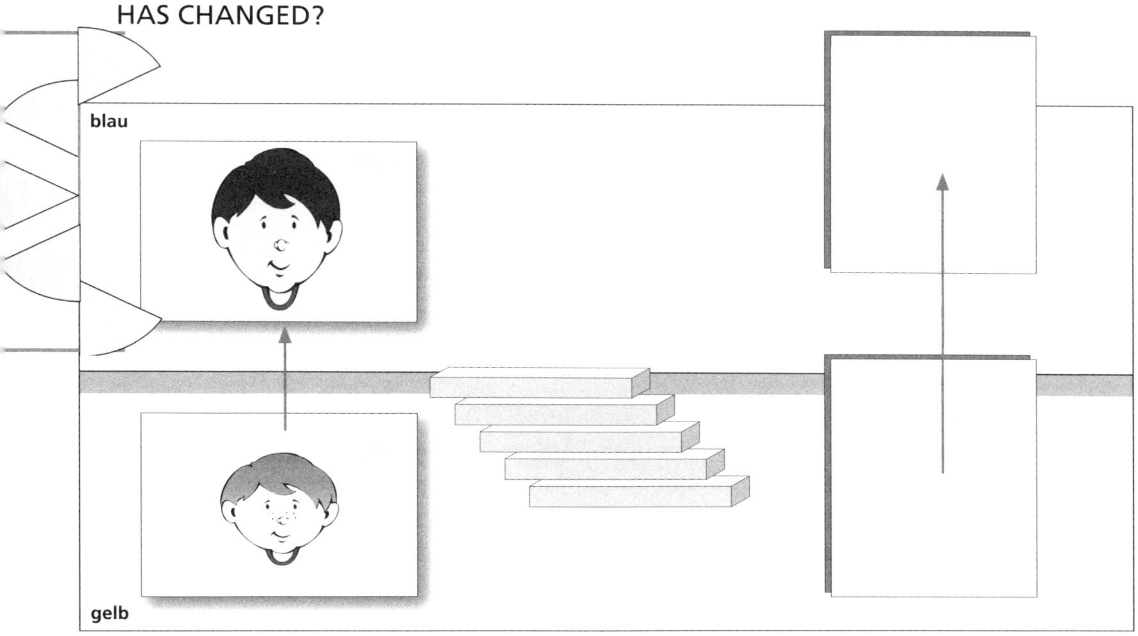

Die Klasse schaut sich die Plakate an und kommentiert, z. B.:
"Martin has become much taller and slimmer, his hair has grown darker, his freckles have disappeared."

5. Warum ist die Welt so, wie sie ist?
a) Wieder verwenden wir das Schachtelmodell. Schüler bringen Kartonboxen und stellen Modelle zusammen (ein Modell/5–6 Schüler) Sie bekommen ein Bild, z. B. von einer Dame mittleren Alters. Sie haben fünf Minuten Zeit, um verschiedene Dinge (Fotos, Postkarten usw.) in die Schachteln zu packen. Dann stellt jede Gruppe ihre Person vor. "This is Laura, and this is her past. She can speak French very well, because she's been to France many times" usw.
b) Wie funktioniert der Aufzug namens Present Perfect? Beispiel mit einem Tagesablauf (KV 10, Seite 28). Die Schüler erraten, wie die Aussagen verstanden werden, die fehlerhaft in Persent Perfect anstatt in Simple Past formuliert wurden.

Kopiervorlage 10, Seite 28

Hans, a student from Salzburg, was asked to write about his Monday. He did it and showed it to his friend Stuart from Scotland. Stuart was very confused …
Can you guess why? Complete the chart.

Things said by Hans	Things understood by Stuart
I've got up.	
I've cleaned my teeth.	
I've had a shower.	
I've had breakfast.	
I´ve gone to school.	
I've learnt for 4 hours.	
I've gone home.	
I've eaten lunch.	
I've watched TV.	
I've done my homework.	
My friend has come.	
We've listened to music.	
We've had a pizza.	
She has gone home.	
I have cleaned my teeth and gone to sleep.	

Was wurde gesagt?	Was wurde verstanden?
I've got up.	Ah, du liegst nicht mehr im Bett, schön.
I've cleaned my teeth.	Du bist sauber. Brav.
I've had a shower.	Ja, ja, du hast schon gesagt, dass du sauber bist.
I've had breakfast.	Du hast keinen Hunger mehr.
I´ve gone to school.	Du bist nicht mehr zu Hause.
I've learnt for 4 hours.	Du bist todmüde.
I've gone home.	He? Du hast ja vorher was anderes gesagt!
I've eaten lunch.	Du hast keinen Hunger mehr, das hast du aber auch schon gesagt, oder?
I've watched TV.	Du weißt jetzt, was in der Welt geschehen ist.
I've done my homework.	Du bist jetzt frei.
My friend has come.	Ich soll dich nicht stören.
We've listened to music.	Deine Nachbarn sind wütend.
We've had a pizza.	Willst du damit sagen, dass ihr kein Abendessen braucht oder dass du zufrieden bist, weil ihr eine schöne Zeit gehabt habt?
She has gone home.	Sie ist nicht mehr da.
I have cleaned my teeth and gone to sleep.	Du meinst, du schläfst? Aber wie ist es möglich? Du erzählst mir ja alle diese Sachen … im Schlaf?!

Nachdem die eigentlichen Bedeutungen der gesagten Sätze klar geworden sind, wird die rechte Spalte blau markiert. Der Aufzug "Present Perfect" bringt uns immer in die Gegenwart!

6. Die Anwendung des "Present Perfect" in den Fällen, wenn etwas andauert, wird anhand des allgemeinen Diagramms erklärt. Wir zeichnen die Stockwerke an die Tafel und zeigen, dass sich der Satz z. B. „Ich kenne meinen besten Freund seit 10 Jahren" auf Englisch in Simple Present nicht formulieren lässt – was haben 10 Jahre Vergangenheit im ersten Stock zu suchen? Von der anderen Seite kann man unmöglich "I knew my best friend for 10 years" sagen, weil ich doch nie aufgehört habe, ihn zu kennen (geht es überhaupt?). So ist der Aufzug namens Present Perfect, der die Stockwerke verbindet, die einzige akzeptable Alternative.

Present Perfect versus Simple Past

1. Noch einmal betrachten wir das Diagramm: das Stockwerk „Vergangenheit", wo Simple Past herrscht, ist mit einer dicken Decke von der „Gegenwart" getrennt. Auf dieser Decke kann man sich einen Slogan vorstellen: „Jetzt nicht mehr." Alles ist abgeschlossen. Present Perfect dagegen verbindet die beiden Ebenen.
2. In Gruppen (2 und 3) analysieren die Schüler die Bedeutungen der folgenden Satzpaare, die auf der Tafel oder auf einem Flipchart geschrieben wurden. Wir stellen ihnen folgende Aufgabe:
   Do these sentences mean the same? Explain the differences using the diagram or model.

1 a) I've loved him for 3 years. *(I love him.)*	1 b) I loved him for three years. *(Now it's over.)*
2 a) Sue's been fat. *(She's fat.)*	2 b) Sue was fat. *(She's slim.)*
3 a) I've eaten a pizza. *(I'm full.)*	3 b) I ate a pizza. *(I'm just describing my afternoon, I may be hungry now.)*
4 a) He hasn't kissed her. *(Yet, poor girl.)*	4 b) He didn't kiss her. *(At the time, he may have done it on another occasion.)*
5 a) They've travelled all over the world. *(They travelled, travel and can travel in the future.)*	5 b) They travelled all over the world. *(Now they are dead, too old, too poor – they won't do it any more).*
6 a) She's written two books. *(She may still write some more in the future.)*	6 b) She wrote many books. *(She's dead, she's got Alzheimer's or something else.)*

Die Schüler sollen jetzt gelernt haben, mit beiden Zeiten vorsichtiger umzugehen. Man kann ja Leute ganz schön verletzen, indem man z. B. einem jungen Manager sagt: "You *were* successful", oder auch einer schönen Dame mitteilt, die kein besonders hübsches Kind war: "You *have been* so ugly." „So etwas sagt doch kein Mensch", denken Sie sicher, doch einer meiner Freunde wollte seiner englischen Cousine sagen, dass sie sich sehr verändert hat, seitdem sie ein pummeliges bebrilltes kleines Mädchen war – und hat dabei eben so unglücklich angefangen. Das Mädchen hat zwar seine späteren Entschuldigungen und Beteuerungen akzeptiert. Aber begeistert war sie nicht.

Present Perfect Progressive

Das Symbol für Present Perfect Progressive ist eine Treppe, die vom Erdgeschoss in den ersten Stock führt. Wie Present Perfect verbindet das Present Progressive die Vergangenheit mit der Gegenwart. Der Unterschied zwischen diesen beiden liegt darin, dass die Treppe das Gefühl vermittelt, dass etwas gleichmäßig seit einiger Zeit andauert.
Sekunde um Sekunde, Minute um Minute, Stunde um Stunde verläuft dieselbe Tätigkeit. Ich lerne Englisch, lerne, und lerne … (z. B. seit 3 Jahren).

Eine körperliche Übung mit der Anwendung einer echten Treppe prägt sich am besten ein. Die Bewegung wird vom Kleinhirn (dem für Gleichgewicht und Bewegungskoordination zuständigen Teil des Gehirns) gesteuert und gespeichert. Das

theoretische Konstrukt "Present Perfect Progressive" verwandelt sich dadurch in einen Teil der Lebenserfahrung. Wir können uns fast sicher sein, dass unsere Schüler einige Zeit nach dem Unterricht jede Treppe unbewusst nutzen werden, um die neue Struktur zu üben.
"I'm climbing and climbing and climbing... und gehe noch die Treppe hoch, I've been climbing stairs", läuft dann einem durch den Kopf, auch wenn man es nicht unbedingt will – wie ein Lied, das einem in der Frühe einfällt und einen den ganzen Tag verfolgt.

Mit der Demonstration müssen wir beim Present Perfect Progressive vorsichtig vorgehen. Die Schritte können in den leeren Gängen recht laut ertönen! Und wenn jeder Schüler nur ein kleines Wort sagt... Die Begeisterung der gerade unterrichtenden Kollegen und Kolleginnen für Geräusche, die sich wie eine Herde junger gesunder Elefanten in der Paarungszeit anhören, könnte gering sein. Deswegen finden wir entweder eine abgelegene Treppe (vielleicht die beim Eingang in die Schule?) oder wir improvisieren. Wir borgen uns vom Hausmeister eine Trittleiter und verkleiden sie mit Packpapier. Diese Variante hat den Vorteil, dass man das Papier bemalen (am besten blau-gelb gestreift) oder beschriften kann.

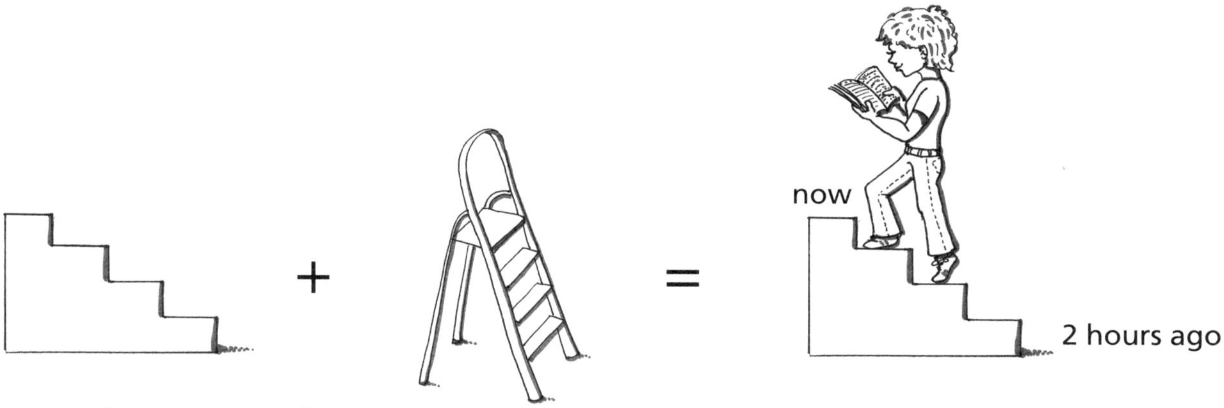

Jetzt nehmen wir ein Blatt blaues Papier und ein paar Blätter gelbes. Alle Blätter werden in der Mitte gefaltet und beschriftet: auf dem blauen schreiben wir mit großen Buchstaben "now" und auf die gelben tragen wir verschiedene Zeitangaben in der Vergangenheit ein, z.B. "two hours ago", "yesterday evening", "last month", "January 2001".

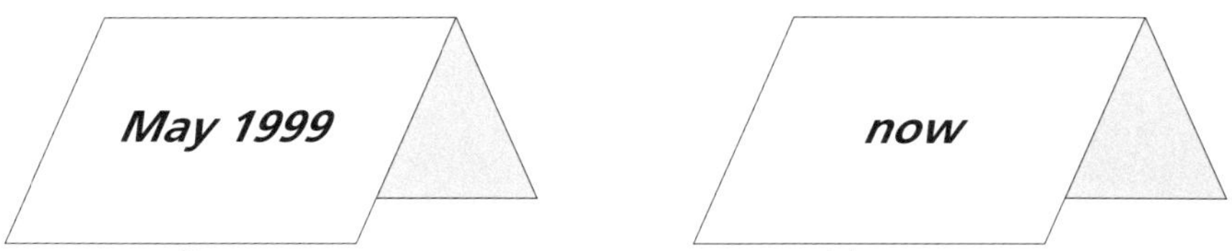

gelb
aufzustellen unten
auf der gelben Ebene

blau
aufzustellen oben
auf der blauen Ebene

Die Treppe führt aus der gelben Ebene auf die blaue. Wir können für die jeweiligen Böden das blaue und gelbe Papier von den alten misslungenen Kopien nutzen. Sicher finden wir ein paar Blätter im Kopierraum. Wenn die Präsentation draußen stattfindet, befestigen wir sie mit ein paar Steinen, sonst kann es leicht passieren, dass sich unser Grammatikunterricht in ein Spektakel von "Vom Winde verweht" verwandelt, was für die Schüler zweifellos erheiternd, aber nicht unbedingt so lehrreich wäre.

Bob is bored. all day long doing nothing He's been …	Monica is scared. __________ __________ __________	Ann's teeth ache. __________ __________ __________
David feels dizzy. __________ __________ __________	Marc is furious. __________ __________ __________	Barbara is tired. __________ __________ __________
Joan's cheeks are red. __________ __________ __________	Martin's hair is wet. __________ __________ __________	Allan has got paint on his nose. __________ __________ __________
Veronica's fingers bleed. __________ __________ __________	Anthony has got no money. __________ __________ __________	Nobody talks to Janet. __________ __________ __________

1. He's been doing nothing all day long.
2. She's been learning English for 6 hours.
3. He's been riding a roller-coaster.
4. He's been playing poker.
5. She's been cutting roses.
6. He's been swimming.
7. She's been reading a love letter.
8. She's been gossiping.
9. She's been eating sweets.
10. He's been renovating his flat.
11. He's been quarrelling with his sister.
12. She's been watching a horror film.

Wenn Sie im Klassenzimmer unterrichten, führt die Treppe vom Fußboden auf einen Tisch. Die blauen Blätter werden mit dickem Klebeband am Tisch befestigt. So können wir Ausrutschern entgegenwirken. Zusätzlich beauftragen wir einen starken Jungen (in weiblichen Klassen das stärkste Mädchen) mit dem Aufpassen, dass keiner seiner übenden Kollegen hinunterfällt. Es wäre doch ein *Skandal,* wenn sich ein Schüler *im Englischunterricht* einen Knöchel verstauchte.

Endlich werden die Zeitangabenschilder aufgestellt: ein blaues auf dem Tisch und ein gelbes auf dem Boden, und es kann losgehen! Zuerst wird das erste Beispiel von uns präsentiert: Wir zeigen auf das auf dem Boden stehende Schild und sagen:
"I started teaching English in May 1999." Dann klettern wir die „Treppe" hoch und sagen im Rhythmus unserer Schritte:
"I have been teaching English ..." Dann sind wir schon auf dem Tisch, zeigen das obere Schild und beenden den Satz mit:
"until now".
Auf dieselbe Weise präsentieren die Schüler nacheinander andere Verben (wir nennen dem Schüler jeweils ein Verb. Wir können die Übung erweitern, indem wir die Verwendung von "for" und "since" anordnen).
Damit die Übung zügig verläuft, kommt der nächste Schüler nach vorn, während der vorherige seine Sätze ausspricht. Der Rest der Klasse bleibt sitzen. Die Aufmerksamkeit dieser Schüler können wir durch Kontrollfragen (*"Did he/she say: ... ?"* und *"Is that correct?"*) steigern.

Jetzt die schriftliche Übung: Die KV 11 auf Seite 32 (auf gelbem Papier mit blauen Streifen im rechten oberen Eck) sollte ihnen jetzt keinerlei Probleme bereiten. Die Schüler verbinden Ursache (in Present Perfect Progressive) und ihre Wirkung (Simple Present) wie im Beispiel *"Bob is bored. He's been doing nothing all day long."* Die Sätze im Present Perfect Progressive werden in „Treppen-Form" eingetragen (siehe das Beispiel KV 11), damit sich diese Zeitform besser im Gedächtnis der Schüler verankert.

Kopiervorlage 11, Seite 32

Present Perfect versus Present Perfect Progressive

Die Schüler haben schon eine Vorstellung davon, wofür man die beiden Zeiten einsetzt. Wenn sie fehlerlos ein paar Aufgaben schaffen, brauchen wir uns nicht mehr mit diesem Thema beschäftigen. Sollten aber Zweifel oder Unklarheiten entstehen, können wir uns folgender visueller Erklärung bedienen:
Wir zeichnen eine Treppe ...

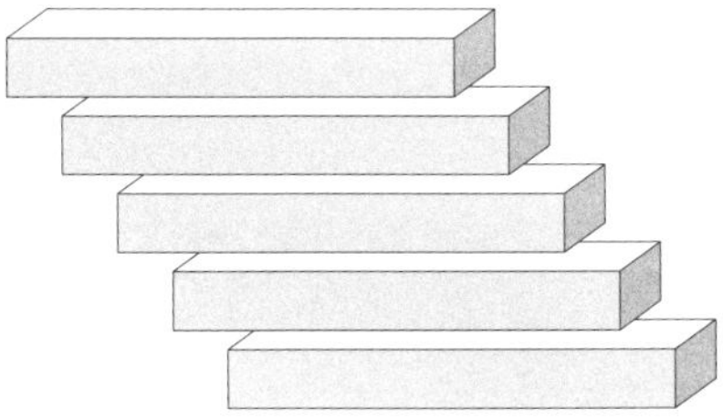

... und dann geben wir ein Beispiel: *"I have been learning English."*

Mit großzügigen Gesten zeigen wir auf dem Diagramm den gleichmäßigen Verlauf der Tätigkeit. Wir betonen, dass es jeweils (bei jeder Stufe) eine theoretische Möglichkeit gäbe, diese Aktivität *nicht* auszuüben (in diesem Fall: kein Englisch lernen). Erst wenn es eine solche Alternative gibt, ist es sinnvoll, die Gleichmäßigkeit des Lernens durch die Anwendung des Present Perfect Progressive auszudrücken. Dann soll es allen Schülern klar sein, warum man in folgenden Zusammenhängen *kein* Present Perfect Progressive verwenden kann:

I have known him for 10 days. Nicht: *I have been knowing…* (Wäre es möglich, ihn einige Zeit inzwischen *nicht* zu kennen?)
Joan has written three short stories so far. Nicht: *She's been writing…* (Wir wollen ja nicht sagen, dass sie alle drei Novellen gleichzeitig systematisch schreibt).
He hasn't done his homework yet. – We have never been to New York. Nicht: *He hasn't been doing… / We have never been being…* (Wie soll in diesen Fällen ein gleichmäßiger Verlauf einer Tätigkeit aussehen? Es hat ja überhaupt keine Handlung stattgefunden!)

Zuletzt lassen wir unsere Schüler noch 2–3 Übungen machen. Die Sätze sollen mit den gelb-blauen Symbolen markiert werden: die in Present Perfect mit dem Aufzug, und die im Present Progressive mit der Treppe.

Past Perfect

Je schwächer die Schüler, desto größer ist die Anziehungskraft des Past Perfect. („Wenn ich so etwas Kompliziertes sage, muss jeder einsehen, dass mein Englisch eigentlich ganz gut ist!" Deswegen ist der das Past Perfect symbolisierende Keller **schwarz** bzw. **dunkelbraun.** Er soll womöglich ungemütlich aussehen, um der Tendenz der Lernenden entgegenzuwirken, diese Zeitform ohne Begründung zu verwenden.
Der Unterricht zum Thema "Past Perfect" kann mit einer zweiminütigen Verdunkelung des Klassenzimmers begonnen werden. Die Jalousien oder Vorhänge werden zugezogen, die Musik aus einem Gruselfilm ertönt. Ein paar in einer Kerzenflamme sichtbare Requisiten, wie z. B. eine verstaubte, von Spinnweben umwickelte Weinflasche, eine alte Holzkiste, zwei große vergilbte Bücher o. Ä., steigern das unheimliche Gefühl.
Nach zwei Minuten lassen wir wieder die Sonne in das Klassenzimmer hinein. Auf einem großen Diagramm mit vier Stockwerken (an die Tafel oder auf ein großes Blatt Packpapier gezeichnet) zeigen wir auf den Keller und erklären, dass der einzige Grund, ihn zu besuchen, heißt: wir sind schon im Erdgeschoss und müssen uns tiefer in die Vergangenheit hinabbegeben. Dann befestigen wir noch mit kurzen Tesafilmstreifen Bilder oder Sätze zum Thema „Tagesablauf" im Erdgeschoss. Die Bilder sind in chronologischer Reihenfolge.

ERDGESCHOSS

1 2 3 4

KELLER

KV 12 · **Past Perfect** (Exercise 1) and **Past Perfect Progressive** (Exercise 2)

Mrs Twig is a snob. She invites people to her flat not because she likes them, but because she wants to impress them. She used to have a huge Chinese vase. It was standing in the corner of her living room. It was very expensive and in very bad taste, and Mr Twig hated it. Every now and then he tried to break it, but it seemed as hard as a solid rock. Finally, on a fine May morning, he borrowed a sledgehammer from his neighbour and smashed it into a thousand small pieces. Seeing the remains of the vase scattered on the floor, Mrs Twig got a shock. It took her a week to recover. Then suddenly she became cheerful again. Mr Twig couldn't understand it. He didn't know that she had bought a horrible bust of Socrates made of plaster, which was to be delivered to their place the next day ...

Exercise 1. Write the sentences and find their places on the diagram.

1. Mr Twig .... told .... (tell) Mrs Twig (1)
   that their cat .... had broken .... (break) the vase.(2)
2. Mr Twig .... (feel) much better(3)
   after he .... (finally get rid of) the vase.(4)
3. Mrs Twig .... (not ask) for Mr Twig's opinion (5)
   when she .... (buy) the bust of Socrates. (6)
4. Mrs Twig .... (not realise) (7)
   that Mr Twig .... (break) the vase on purpose.(8)
5. After the bust of Socrates .... (deliver [passive]) (9)
   Mr Twig .... (start) laughing madly. (10)

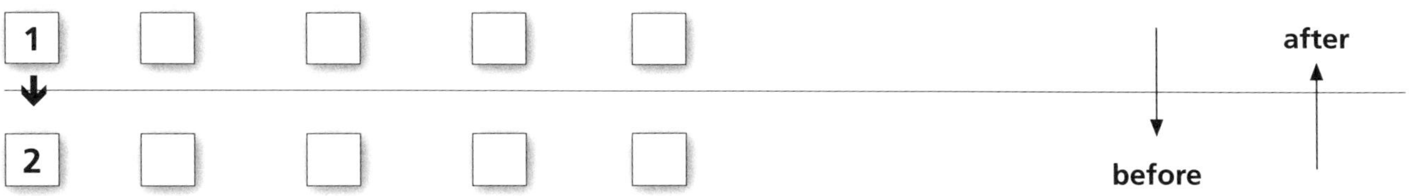

Exercise 2.
Build as many sentences as you can. Colour the left column yellow and the right one yellow and black.

1. Before the bust of Socrates was bought Mr/Mrs Twig	A had been stumbling over the vase.
2. Until he finally got rid of it Mr Twig	B had been tirelessly dusting the vase.
3. For many years Mr/Mrs Twig	C had been polishing the vase.
4. Mr Twig suffered because Mr Twig	D had been trying to get rid of the vase.
5. Mr Twig's friends pitied him because Mr/Mrs Twig	E had been admiring the vase.
6. Until that memorable May morning Mr/Mrs Twig	F had been complaining about the vase.
7. Mrs Twig couldn't understand why Mr Twig	G had been showing her guests the vase.
8. Mrs Twig was annoyed because Mr Twig	H had been trying not to look at the vase.

Die Schüler machen daraus einen Satz wie z. B.: *"George got up, then he worked all day, then he came back home and went to bed."* Das kennen sie schon.
Jetzt entfernen wir alle Bilder und platzieren das Bild 4 dort, wo vorher das Bild 1 war. Jetzt darf das Simple Past zur Beschreibung der Bilder 1, 2 und 3 nicht mehr verwendet werden. Das sehen die Schüler normalerweise ein. Auf Deutsch sagen wir ja auch nicht: „Sie hat ihn geheiratet und kennen gelernt." Es ist nur natürlich, dass hier der Keller gebraucht wird.
"George went to bed after he had got up and…" Das üben wir gemeinsam, bis alle Schüler verstanden haben, wie das Past Perfect verwendet wird. Jetzt können sie in Paaren die Aufgabe 1 auf der KV 12 (Seite 35) machen. Es lohnt sich, vor dem Eintragen der richtigen Antworten das Diagramm mit den entsprechenden Farben (das Erdgeschoss = gelb, den Keller = schwarz) anmalen zu lassen.

Kopiervorlage 12, Seite 35

Ziemlich oft versuchen die Schüler nach einiger Zeit der Übung folgende Sätze zu bauen: *"I had got up and I cleaned my teeth."* Es ist ein typischer Fehler bei diesem Thema. Klar, zuerst steht man auf, dann putzt man sich die Zähne. (Kennen Sie jemanden, der das umgekehrt machen würde?) Es ist aber noch lange kein Grund, um das Past Perfekt in diesem Zusammenhang zu benutzen. Wenn solche Fehler vorkommen, kehren wir zum Diagramm zurück. Wir können den Schülern ihre Aufgabe zusätzlich erleichtern: Sie sollen sich merken, dass für die Tätigkeiten, die mit einem "and" verbunden sind, immer dieselbe Zeit gilt. Also, entweder "1 and 2" im Erdgeschoss, oder "1 and 2" im Keller!

Für Tätigkeiten, die mit einem "and" verbunden sind, gilt immer dieselbe Zeit.

Past Perfect Progressive

Past Perfect Progressive ist keine besonders häufig verwendete grammatikalische Zeit. Ab und zu tritt sie jedoch auf (vorwiegend in der indirekten Rede), also gebührt ihr ein eigener Platz im gesamten Modell.
Wie Present Perfect Progressive die Vergangenheit mit der Gegenwart verbindet, auf dieselbe Weise verbindet Past Perfect Progressive die Vorvergangenheit mit der Vergangenheit. Diese Zeit wird deswegen mit einer Treppe zwischen dem Keller und dem Erdgeschoss symbolisiert. Wir können es mit dem Diagramm auf der KV 12 (Seite 35 Mitte) demonstrieren und dann die Schüler gemeinsam die Aufgabe 2 lösen lassen, nachdem sie die Stockwerke (den Erdgeschoss, den Keller) mit entsprechenden Farben (gelb, dunkel) markiert haben.

"Going to"

1. Die "going to" symbolisierende Feuertreppe fängt im ersten Stock an und führt auf die Dachterrasse. So vermittelt sie das Gefühl von der Verbindung zwischen der Gegenwart und der Zukunft. Eigentlich fängt die Zukunft schon an – weil man eben etwas geplant hat oder eine Situation kreiert hat, die zu den bestimmten künftigen Ereignissen führen wird. Die Schüler geben Beispiele aus ihrem Leben: *"I'm going to be a journalist."* (Es ist meine Absicht.), *"My aunt is going to weigh 100 kilograms."* (Sie isst ständig Nüsse.), *"This winter is going to be cold."* (Die Zwiebeln haben sehr dicke Schalen.)
2. Arbeit mit der KV 13 (Seite 37). Sie ist auf einem blauen Blatt Papier; in der oberen linken Ecke befinden sich ein paar grüne Streifen – das Symbol für die Feuertreppe.

Kopiervorlage 13, Seite 37

Paranoid George

George is a 55-year-old second-hand car dealer. He is balding and he's got false teeth. He has just married Vivian, a very beautiful ballet dancer, younger by 35 years. Now he is in trouble. First of all, he is terribly jealous. Besides, he suspects that Vivian married him only to get his money and is planning to kill him. He keeps watching her closely … although she loves him truly and would never think of doing him any harm.
Fill in the chart.

What's happening	George's thoughts	Vivian's thoughts
Vivian's cutting bread in the kitchen and singing happily.	She's going to kill me with a knife.	I'm going to prepare a wonderful supper.
Vivian's putting on her best clothes.		
Vivian's going to the chemist's.		
Vivian`s asking what their bank account number is.		
Vivian's chatting on the telephone.		
Vivian's ironing a black dress.		

Paranoid George (2)

Ten years later. George and Vivian have got an 8-year old daughter, Polly. They could be very happy indeed – but George never stops worrying. He believes their daughter is always in danger.
Complete the chart.

What's happening	George's thoughts
Polly is going to school.	Somebody is going to kidnap her.
Polly is riding a horse.	
Polly is skiing.	
Polly is reading comics.	
Polly doesn't want to drink milk.	

"GOING TO" means that a future event has already started! (as a result of a plan or as a consequence of the present situation)

"Will-future"

Die grüne Farbe der die "will-Future" repräsentierenden Dachterrasse lässt an Blätter im Frühling und reifende Äpfel denken.
Unsere Schüler können sich die will-future so vorstellen: wir alle sitzen im ersten Stock und spekulieren darüber, was sich oberhalb unserer Köpfe auf der Dachterrasse abspielt. Oder auch: wir sitzen in der Gegenwart und können die auf uns kommende Zukunft nicht sehen – wir raten nur.

1. What will happen in ten years? – Gruppenarbeit. Jeweils vier Schüler bekommen eine Karte Europas und ein grünes Blatt Papier, auf dem sie ihre Ideen zusammenschreiben (2 Prophezeiungen pro Land).
2. KV 14 (Seite 39) auf einem weißen Blatt ist eine kurze Wiederholung der bisher vermittelten englischen Zeiten. Die Schüler können gerne die verschiedenen Elemente des Hauses mit den entsprechenden Farben anmalen.

Kopiervorlage 14, Seite 39 und Kopiervorlage 1, Seite 10

"Going to" versus Future Simple

Zunächst werfen wir einen Blick auf das allgemeine Diagramm (KV 1, Seite 10). Der Unterschied ist klar: entweder sehen wir schon die ersten Anzeichen der künftigen Ereignisse (jemand geht die Feuertreppe hoch) oder wir spekulieren einfach. (Was kann wohl auf der Dachterrasse alles passieren?)
Dann vergleichen wir folgende Sätze anhand des Diagramms:

1. a) He'll be a president.
   b) He's going to be a president.

2. a) It is going to rain.
   b) It will rain.

3. a) Sue is going to marry a millionaire.
   b) Sue will marry a millionaire.

Danach arbeiten die Schüler in Paaren. Einer von ihnen ist ein Optimist, der einen Ausflug (oder eine Party) plant. Der andere sieht immer schwarz. Die Aufgabe des Optimisten ist es, ein möglichst interessantes Programm zu erstellen und dem Pessimisten zu präsentieren. Der Pessimist kommentiert dann alle Punkte auf seine Weise. Der Optimist hat schon einiges geplant und vorbereitet. Deswegen verwendet er "going to-future".
Der Pessimist hat sich bisher noch keine Gedanken über den Ausflug gemacht. Er reagiert jetzt **spontan** auf die Aussagen des Optimisten und formuliert seine Kommentare in "will-future".

Beispiel:
Optimist: *"We're going to visit the town hall."*
Pessimist: *"It will be closed."*

Der Dialog wird schriftlich vorbereitet (Zeit für diese Aufgabe = 15 Minuten) und anschließend präsentiert.

What will happen?

Analyse facts. Make sentences and write them into the diagram. Give your own ending to each story.
Example: *John/ thin and sad/7 years of friendship with Mary/first meeting: watering flowers/hard work, saving money in order to buy a house/John fat now...*

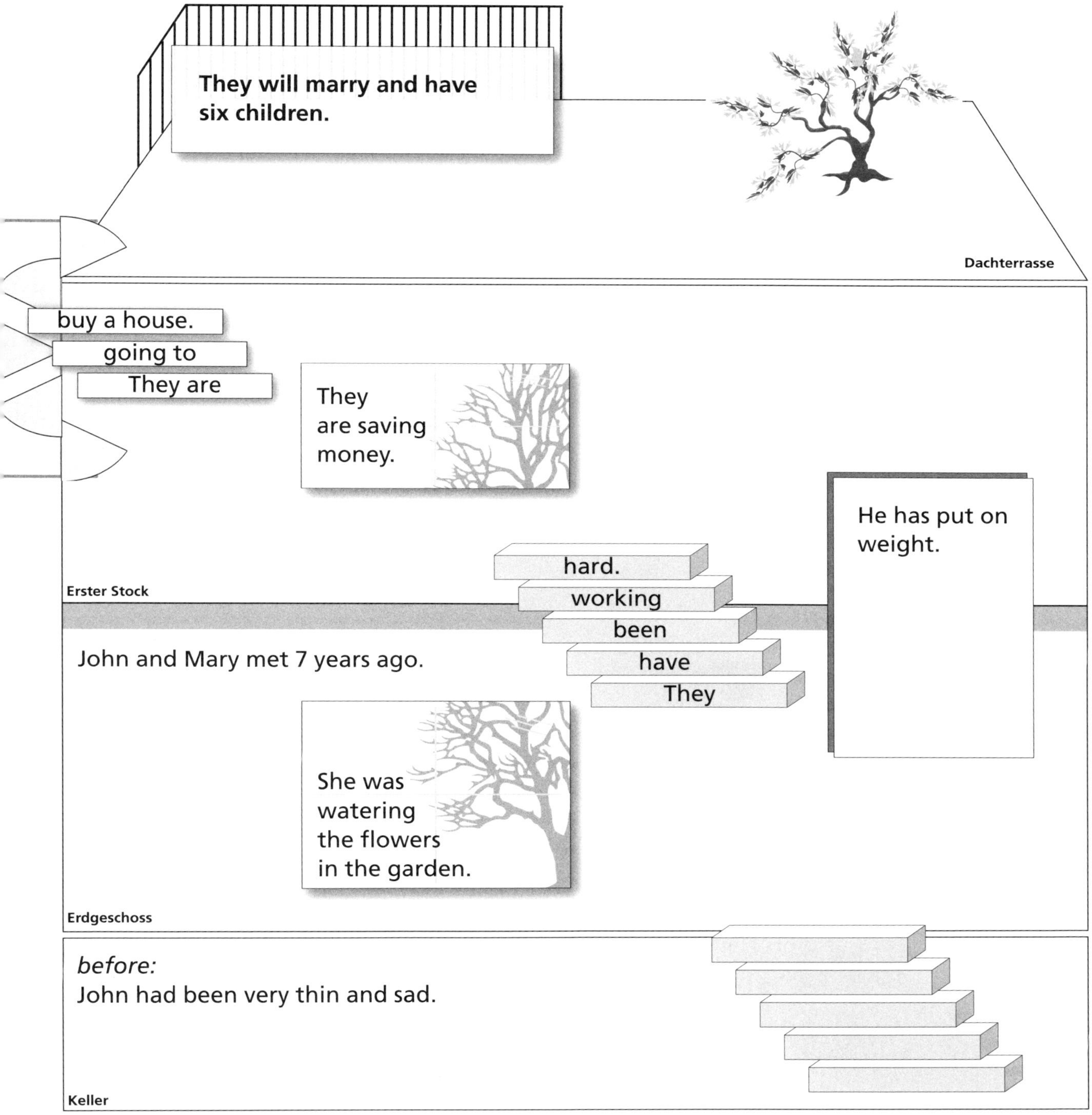

1. 3 astronauts/launch 2 years ago/land on Mars/many times nearly killed by stray asteroids/computer out of order for 2 days/send SOS
2. John and Rob/no money/met in prison/their plans: a bank robbery/present activity: purchase of masks.
3. Paul Benett/politician, candidate for the presidency/married for 20 years, two children/his secret – past contacts with the Mafia/present activity: speech to trade union

Future Perfect

Das Future Perfect verwenden wir, wenn es darauf ankommt, die Dinge in der Zukunft planmäßig abzuschließen. Wir können es mit einem Güteraufzug vergleichen, mit dem wir neue Elemente in die Zukunft bringen (z. B. Geld: *"I'll have earned…"*, Waren: *"Our department will have produced…"*, Zeugnisse: *"I'll have graduated…"* usw). Diese Zeitform kennen unsere Schüler sehr gut aus dem Deutschen: „Bis Montag werde ich den Aufsatz geschrieben haben." Wir können eine kleine Demonstration mit einer blau-grünen Schachtel durchführen. Zuerst sorgen wir für den passenden Hintergrund: entweder teilen wir die Tafel mit einer horizontalen Linie und markieren die obere Hälfte grün und die untere blau, oder wir befestigen ein grünes Blatt Papier über einem blauen mit Tesafilm. Dann nehmen wir die Schachtel und ein Buch und sagen "I'll have read this book by the end of the week.", packen das Buch in die Schachtel und befördern es mit einer Bewegung nach oben in die Zukunft – dorthin, wo der Hintergrund grün ist. "Now, I am in the future. It is Sunday. I have read this book." Wir wiederholen diese Prozedur mit anderen Beispielen noch 2–3 mal und überprüfen, ob die Schüler die Struktur begriffen haben. Wenn ja, können wir direkt zu einem Brettspiel voranschreiten.

Kopiervorlage 15, Seite 41

Das Spiel heißt: "By the time I'm 40…" Wir bereiten es so vor, wie es im Kapitel „Brettspiele" auf der Seite 50 zu finden ist. Also, zuerst finden wir ein schönes Foto oder dekoratives Packpapier für den Hintergrund. Dann kopieren wir die KV 15 (Seite 41) und schneiden die verschiedenen Elemente aus. Sie werden auf dem Hintergrund so platziert und mit Klebstoff befestigt:

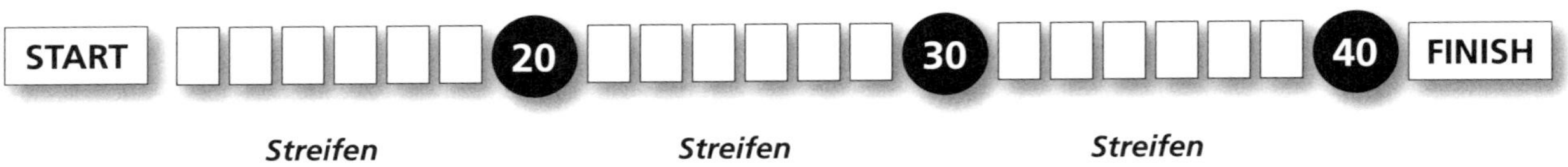

Die ersten 6 Streifen (von KV 15 aussuchen) beziehen sich auf das, was man bis zum 20. Lebensjahr gemacht haben wird, die nächsten 6 bis zum 30., die letzten 6 bis zum 40. Sie können die Reihenfolge aus der KV beibehalten oder ändern. Die Strecke zwischen dem Start und dem Stop muss nicht gerade sein. Ein schöner Bogen bzw. 2–3 Kurven wirken viel attraktiver.
Ein Spielbrett kann von 3–6 Spielern genutzt werden. Jeder Spieler braucht eine eigene Figur, jede Gruppe einen Würfel.

Zuerst wählt der erste Spieler ein Feld, das er in diesem Zug zu erreichen beabsichtigt, z. B. den dritten Streifen: "earn/first money". Er sagt den Satz: "By the time I'm 20 I'll have earned my first money." und würfelt. Nur wenn die Augenzahl gleich oder größer als 3 ist, darf er das gewählte dritte Feld betreten. Wenn nicht, bleibt er stehen. Dann wählt der nächste Spieler sein Feld, sagt seinen Satz und testet sein Glück beim Würfeln. Wenn ein Spieler die Zahl „20" erreicht hat, öffnet sich vor ihm eine weitere Perspektive: "By the time I'm 30…" und ab 30: "By the time I'm 40…" Nachdem ein Spieler das letzte Feld "finish/game" betreten hat, ist das Spiel beendet.
Variation: Ihre Schüler erfinden eigene Ziele (Streifen).

learn / tango	meet / interesting people	earn / first money
invent something	get / driving licence	graduate / school
leave home	visit London	chose / job
complete / studies	visit at least 3 continents	get married
talk / film star	become famous	win a lottery
write / autobiography	learn Future Perfect	finish this game

20

30

40

START

FINISH

Future Progressive. Progressive-Zeiten in Übersicht.

Future Progressive lässt sich einfach erklären, wenn man auf den schon bekannten Zeiten Present Progressive und Past Progressive aufbaut. Dazu brauchen wir das Diagramm (s. u.) und ein paar Fotos. Das Diagramm stellt die Stockwerke und die Fenster dar (im Fall des Future Progressive die Lücke zwischen den Pflanzen) und kann auf die Tafel oder auf ein großes Blatt Papier gezeichnet werden. Die Magnettafel oder ein Flipchart eignen sich für diesen Zweck am allerbesten, weil man die Fotos mit Magneten befestigen kann. Die Fotos sollen verschiedene Personen präsentieren. Selbstverständlich gefallen den Schülern am meisten Aufnahmen von sich selbst, z. B. von einem Schulausflug. Wenn wir keine derartigen Fotos haben, können wir die Klasse mit einer Polaroidkamera fotografieren. Die Fotos zeigen die Schüler bei Aktivitäten.

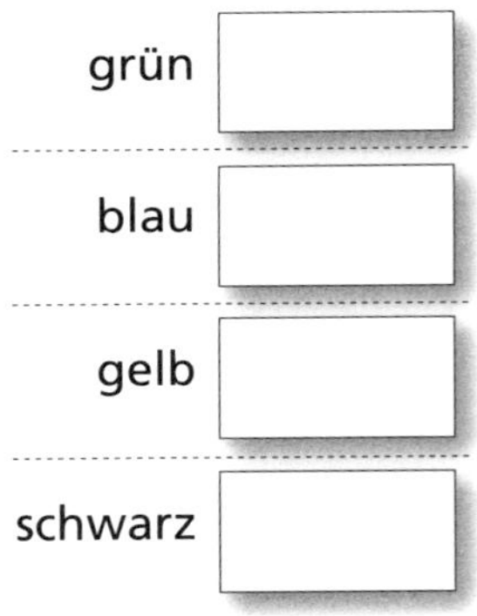

Das Diagramm

Das erste Foto wird im mittleren Fenster befestigt. Dann laden wir ein paar Schüler zum Diagramm ein. *"At the moment…"*, fangen wir an. Dann übernehmen die Schüler: z. B. *"… Petra is drinking Sprite"*, *"Stefan is unpacking his rucksack."* Die nächste Gruppe beschreibt das nächste Foto usw. Jeweils überprüfen die gewählten Mitglieder der anderen Gruppen, ob die Beschreibung stimmt. Wenn wir wollen, können wir Fragen und Antworten ein bisschen auffrischen, z. B. *"Excuse me, I didn't quite catch that. Is she drinking coke?"* usw.
Als nächstes befestigen wir eines der besprochenen Fotos im unteren Fenster und lassen die Schüler Sätze beenden, z. B.: *"Yesterday at two o'clock…"*, *"When I first saw Stefan…"* usw.
Dann wechseln wir zu Future Progressive.

1. Zuerst zeigen wir ein Foto im mittleren Fenster und sagen: *"Petra **is** drinking Sprite…."*
2. … dann im unteren, mit dem Kommentar *"Petra **was** drinking Sprite…"*
3. … und zuletzt im oberen Rechteck. Wir lassen die Schüler auf die Struktur: *"Petra **will be** drinking Sprite…"* von selbst kommen. Dann üben wir die neue grammatikalische Zeitform mit anderen Fotos. Zuletzt fragen sich die Schüler gegenseitig: *"What do you think: what will you be doing at the same time tomorrow/ next Sunday/next year…?"*

Uff und Hurra! Hurra und Uff! Jetzt haben wir es geschafft! Future Progressive war die letzte neue englische Zeitform!
Allerdings haben wir gerade drei Progressive-Zeiten im Vergleich miteinander präsentiert. Aber zur vollständigen Wiederholung der Progressive-Zeitformen fehlen uns noch Present Perfect Progressive und Past Perfect Progressive.

Liebe Leserin, lieber Leser!
Wenn jetzt vor Ihren Augen bunte Häuser kreisen und Sie sich beim Wunsch ertappen, mich in die Wüste zu schicken, überspringen Sie einfach den Rest dieses Kapitels. Die wenigen Tapferen, die auf vollständige Wiederholung der Progressive-Zeitformen bestehen, werden für den Vergleich des Present Perfect Progresssive mit dem Past Perfect Progressive folgendes Diagramm benötigen:

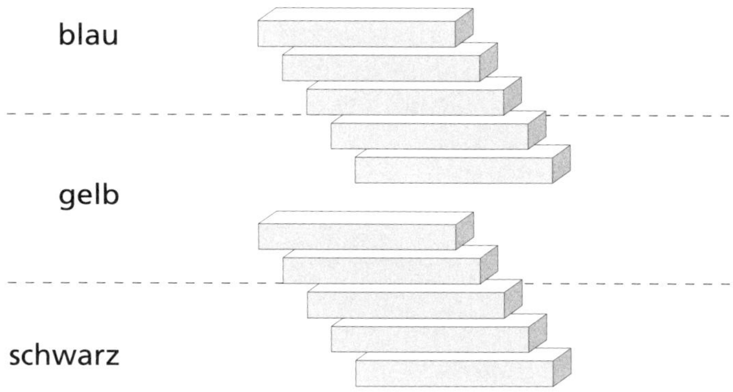

Anhand dieses Diagramms werden zwei Fälle analysiert:
a) wenn eine Tätigkeit bis zum jetzigen Zeitpunkt verläuft.
b) wenn eine Tätigkeit bis zu einem gewissen Zeitpunkt in der Vergangenheit andauerte.

Bei der Präsentation setzen wir die Körpersprache ein. Wir zeigen auf verschiedene Zeitpunkte, indem wir energisch gegen die Tafel klopfen – stark genug, um die Konzentration unserer Schüler darauf zu fokussieren, aber ohne zu übertreiben. Die den Anfang und das Ende der jeweiligen Tätigkeit symbolisierenden Punkte sollen weit auseinander liegen – so weit, dass wir sie nur mit Mühe gleichzeitig mit den Fingerspitzen berühren können. So erhält die Präsentation einen etwas dramatischen Charakter. Wenn wir den Verlauf einer Tätigkeit auf dem Diagramm zeigen, können unsere Gesten richtig großzügig sein. Da sich jetzt die Schüler nicht bewegen dürfen, teilen wir mit ihnen unsere eigene Dynamik. Etwas von dem körperlichen Gefühl wird dadurch übertragen.
Beispiel:
Teil 1 – Demonstration des Present Perfect Progressive
I am learning English ***now.*** (Die Schüler werden auf den Zeitpunkt in der Gegenwart aufmerksam gemacht.) *I started learning English at 9 a. m.* (Auf dieselbe Art wird der Zeitpunkt in der Vergangenheit demonstriert.) *Now and 9 a. m.* (Mit beiden Händen zeigen wir die beiden Punkte.) *I have been learning English for…hours.* (Eine Geste mit dem Arm verdeutlicht den Verlauf der oberen Treppe.)
Teil 2: Demonstration des Past Perfect Progressive
I finished learning English at 11 a. m. (Zeitpunkt in der Vergangenheit). *I started learning…* ***before*** *I finished, didn't I?* (Wir zeigen den Keller.) *I started learning at 9 a. m.* (Klopf) *I finished at 11 a. m. what I had started at 9 a. m.* (Beide Punkte gleichzeitig) *I had been learning English for two hours.* (Geste)

So eine ausdrucksvolle Präsentation hilft den Schülern ein intuitives Verständnis der Strukturen zu entwickeln. Außerdem, wenn sie sehen, wie viel Energie ihr/e Lehrer/in in die Erklärung investiert, werden sie sich dessen bewusst, dass die richtige Verwendung der anscheinend komplizierten und „völlig überflüssigen" Zeiten nicht ohne Bedeutung ist.

Reported Speech – ein kleines Erdbeben

Wenn alle von den verschiedenen Strukturen schon ziemlich gesättigt sind, kommt die indirekte Rede an die Reihe. Intelligente und faule Schüler (diese zwei Qualitäten treten häufig in Verbindung auf) sträuben sich dagegen und argumentieren ganz logisch, dass dieser Teil der Grammatik völlig überflüssig sei, weil man immer direkte Zitate verwenden könne. Diese Stellung ist durchaus nachvollziehbar. Trotzdem geben wir nicht auf.

Eines sollen sich die Schüler schon am Anfang bewusst werden, und zwar, in welch einer glücklichen Lage sie sind. Sie müssen nämlich keine *deutsche* indirekte Rede beherrschen. Ist jemand unter den klugen jungen Köpfen in der Lage zu erklären, warum man auf Deutsch
„Er sagte, er habe ...", aber: „Sie sagten, sie hätten ..." in den gleichen Zusammenhängen verwendet? Wir sollten uns eigentlich bei den Engländern herzlichst bedanken, dass sie uns keine derartigen Rätsel liefern. Bei der englischen indirekten Rede brauchen wir uns den Kopf nicht zu zerbrechen. Das System ist logisch und für Ausländer leicht durchschaubar. Es genügt, sich ein paar einfache Regeln zu merken:

Wenn wir schon früher mit dem Hausmodell gearbeitet haben, können wir uns jetzt der folgenden visuellen Mnemotechnik bedienen:
Die indirekte Rede im Englischen ist gleich einem Erdbeben, das unser Gebäude kräftig schüttelt, infolgedessen:

1. Das Erdgeschoss mit dem Aufzug rutscht in den Keller hinunter – Simple Past und Present Perfect werden zum Past Perfect.
2. Der erste Stock samt Fenster ist dann im Erdgeschoss zu finden – Simple Present wird zum Simple Past, Present Progressive zum Past Progressive.
3. Der erste Stock und das Erdgeschoss befinden sich jetzt auch ein Ebene tiefer. So wird das Present Perfect Progressive, das diese Stockwerke verbindet, zum Past Perfect Progressive.
4. Past Perfect und Past Perfect Progressive ändern sich nicht. Tiefer als in den Keller kann man halt nicht fallen.
5. Da nach dem Erdbeben die Feuertreppe im Erdgeschoss anfängt, werden alle "to be"-Formen in den Strukturen mit "to be going to" zu "was" und "were"
6. Die Dachterrassen wurden von der Katastrophe am schwersten erwischt. Sie lassen sich schwer erkennen – alle "will" werden in "would" umgewandelt.

Zuerst lassen wir die Schüler diese Regeln niederschreiben, indem sie die relevanten visuellen Symbole in ihren Notizen verwenden (z. B. ▭ [blau] ▭ [gelb]). Später, als Hausaufgabe, dürfen sie das Schema des Hauses nach dem Erdbeben zeichnen. Das Diagramm des Hauses vor dem Erdbeben befindet sich auf der KV 1 (Seite 10). Mit jedem Hauselement im Haus vor/als auch nach dem Erdbeben ist ein einfacher Satz in jeweiliger Zeit verbunden, z. B. eine entsprechende Umformung "I / drink / tea" o. Ä. In der nächsten Unterrichtsstunde erweitern wir die beiden Diagramme (das Haus vor und nach dem Erdbeben) um die Passivformen, z. B. die Umformungen von "tea/be/drunk", in allen Zeiten.

Kopiervorlage 1, Seite 10

Wenn wir wollen, können wir zum Üben im Unterricht die KV 16 (Seite 46) benutzen. Die Schüler schreiben einen Bericht vom Interview mit Constable John.

Wiederholung der grammatischen Zeitformen kurz vor einer Prüfung

Die bereits gelernten visuellen Symbole (Form/Richtung/Farbe) lassen sich gut bei einer Wiederholung einsetzen.

Aufgabe:

1. Die Schüler lesen den Text "Constable John" (KV 16, Seite 46)
2. Sie erhalten die KV 1(Seite 10) und ordnen die einzelnen Sätze den verschiedenen Hauselementen zu.
3. Vergleich der Ergebnisse in Paaren.
4. Ermitteln der korrekten Lösung (die Lösung finden Sie auf der Seite 47 – KV 17).
5. Diskussion. Jetzt wird mit den Unklarheiten aufgeräumt.
6. Die verschiedenen Hauselemente werden auf dem korrigierten Diagramm mit entsprechenden Farben markiert.
7. Fragen und Antworten zum Text "Constable John". Jetzt sollen sich die Schüler dessen bewusst werden, dass Frage und Antwort in derselben Zeit zu formulieren sind. Also – für die Frage und die Antwort gilt dasselbe Element!
8. Wir setzen Fragen und Antworten fort, zusätzlich wählen wir aber einen Schüler – „Vermittler", der die Fragen und Antworten in der indirekten Rede fomuliert, z. B. der erste Schüler fragt: "Where does John live?" Der Vermittler wendet sich an einen Kollegen: "Peter, Stefan asked where John lived." Stefan antwortet "He lives in a small town." Der Vermittler gibt diese Nachricht weiter: "Peter, Stefan told me that John lived in a small town." Ein natürlicher Effekt entsteht, wenn die beiden „Gesprächspartner" ziemlich leise sprechen und der Vermittler sich zwischen ihnen befindet.

Kopiervorlage 16, Seite 46
Kopiervorlage 1, Seite 10
Kopiervorlage 17, Seite 47

Als Sprachlehrer wollen wir, dass sich der gelernte Stoff bei unseren Schülern in intuitives Wissen verwandelt. Wir streben danach, dass sie sich frei und fließend ausdrücken können und mit Sicherheit die passenden Strukturen gebrauchen. Visuelle Lernmittel können uns helfen, dieses Ziel zu erreichen.

Visuelle Lernmethoden im Überblick

Visuelle Symbole

(Anwendungsbeispiele finden Sie bei allen beschriebenen grammatikalischen Zeiten.)

Farbe

An allen Schulen, die den Lehrkräften neben weißer Kreide auch bunte Schreibmittel zur Verfügung stellen, werden Farben im Unterricht genutzt – auch von äußerst konservativen Lehrern und Lehrerinnen. Farben erwecken die Aufmerksamkeit der Schüler und helfen ihnen die Dinge richtig zu verstehen und sich besser zu merken. Kein Wunder. Die Evolution des menschlichen Gehirns verlief unter Umständen, in denen die Verarbeitung äußerer Reize über Leben und Tod bestimmte. Wenn optische Elemente in unserem Blickfeld erscheinen, konzentrieren wir uns automatisch

Constable John

John is a policeman in a small town.

He joined the police when he was 20.

Up till then he had been selling hamburgers in the city centre.

John isn't very successful.

He's arrested two teenage shoplifters so far.

It wasn't difficult.

They had already been caught by a security guard.

Now John is going to stop an offender on his own.

He tried last week, but an old lady

who had parked her car in the wrong place

just ignored him,

when he was blowing his police whistle and waving his hands

and escaped at an enormous speed.

John is worrying about it.

He has been doing his best.

Perhaps he'll be luckier next time.

For example, somebody will be breaking the law

and John will be on duty and not too far away.

Maybe he will have put a real criminal in prison before his retirement.

Who knows?

For example, somebody will be breaking the law

and John will be on duty and not too far away.

Perhaps he'll be luckier next time.

Maybe he will have put a real criminal in prison before his retirement.

Dachterrasse

on his own.

to stop an offender

Now John is going

John is worrying about it.

John is a policeman in a small town.
John isn't very successful.

Who knows?

Erster Stock

his best.

doing

has been

He

He's arrested two teenage shoplifters so far.

He joined the police when he was 20.
It wasn't difficult.

when he was blowing his police whistle and waving his hands,

He tried last week, but an old lady … just ignored him, and escaped at an enormous speed.

When John arrived, they were tied together with a belt.
He tried last week, but he didn't succeed.
An old lady … escaped at an enormous speed.

Erdgeschoss

in the city centre.

hamburgers

he had been selling

Up till then

They had already been caught by a security guard.
… who had parked her car in the wrong place …

Keller

darauf. Unser Gehirn muss feststellen, ob der blaue Fleck im rechten Eck eine Gefahr oder vielleicht etwas Essbares bedeutet. Auf diese Weise werden die Dinge besser wahrgenommen und in der Konsequenz besser gespeichert.
Die besten Ergebnisse erzielt man, wenn man die Farben *mit System* verwendet. Das System an sich ist nebensächlich – Hauptsache, wir halten uns daran. Substantive werden bei uns z. B. immer in Blau und Hilfsverben in Rot geschrieben. Warum nicht?
Alle Montessorischulen verwenden Schwarz für Substantive, Rot für Verben und Blau für Adjektive.
Oder, wie es in diesem Heft gemacht wurde, wir ordnen bunte Elemente den verschiedenen grammatikalischen Zeitformen zu. Oder ... Sie haben ja selber ganz viele eigene Ideen und Erfahrungen ...
Inwiefern Farbsysteme das Lernen erleichtern, erfahren unsere Schüler erst bei einer Wiederholung. Zum einen werden ihre Notizen besser überschaubar. Zum anderen werden sie sich oft der Regeln bewusst, ohne sie vorher zu pauken, weil sie ein Muster hinter den Dingen entdeckt haben. Wahrscheinlich erinnern sie sich bereits an den Inhalt der bunten Seiten. Wenn nicht, werden sie den logisch strukturierten Stoff ohne zu viel Schweiß und Tränen schnell beherrschen können.

Formen
Lasst uns ein kleines Experiment machen. Schließen Sie bitte die Augen und stellen Sie sich *einen Hund* vor. Versuchen Sie an keinen bestimmten Hund zu denken ...
Wie war's? Ist es Ihnen gelungen? Ich habe es, ehrlich gesagt, noch nie geschafft. Mir fällt gleich ein riesiger Bernhardiner ein, ein Pudel mit rosarotem Bändchen oder ein lustiger Mischling mit klappenden Schlappohren, der mit seinem brezelförmigen Schwanz wedelt – aber nie „ein allgemeiner Hund".
Als Sprachlehrer erwarten wir, dass unsere Schüler den eigenen Bezug zur Sprache finden. Die Bilder helfen uns dabei sehr. Englische Wörter, kennen gelernt in Verbindung mit Bildern, werden automatisch als nützliche Begriffe (nicht als leere Klänge) eingestuft. Uns geht es ja nicht darum, dass unsere Schüler verschiedene deutsche Ausdrücke mit den passenden englischen Redewendungen bei der Schularbeit ersetzen, eine gute Note bekommen und sofort alles wieder vergessen. Klar, jeder Schüler kann sich *a dog* ebenso gut und genau wie *einen Hund* vorstellen. Tatsächlich tun es aber nur wenige. Die Mehrheit begnügt sich mit einer abstrakten Feststellung wie z. B. „das Wort ‚Hund' heißt auf englisch 'dog'." An den deutschen Begriff wird ein gleichbedeutender englischer Begriff angeknüpft. Es entsteht dabei keinerlei direkte Verbindung zwischen der neuen Vokabel und der alltäglichen Erfahrung des Lernenden. Wie soll sich unter diesen Umständen das englische Wort im Langzeitgedächtnis des Schülers verwurzeln?

Englische Vokabeln gehören mit den Phänomenen verbunden, nicht mit den deutschen Wörtern. Nehmen Sie Post-it-Zettel, schreiben Sie alle Begriffe drauf, die sich im Klassenzimmer befinden, und kleben Sie sie an den jeweils entsprechenden Platz: door, blackboard, window, table ...

Also – wir zeigen alles, was sich zeigen lässt, und geizen nicht mit Bildern und Fotos! Der Sprachunterricht wird dadurch unterhaltsamer und das Lernen leichter.

Abstrakte Symbole
Haben Sie schon einmal einen praktizierenden Katholiken dazu aufgefordert, die zehn Gebote aufzuzählen und dabei weder die Zahlen zu nennen noch sich mit den Fingern zu helfen? Ich habe noch keinen gesehen, der sie in einem Atemzug rezitieren konnte. Im besten Fall gibt es kleine Pausen für die weggelassenen Ordinalzahlen. Diese Ordinalzahlen – ohne Bedeutung für den Inhalt – spielen eine große Rolle für die Gedächtnismechanismen. Jedes Gebot wird mit einem abstrakten Symbol (einer Zahl) gepaart. Es scheint ganz gut zu funktionieren. Nach mehreren Jahren lässt sich z.B das Gebot „Du sollst nicht stehlen" durch das Schlüsselwort „siebtes" aus der Tiefe der Vergessenheit herbeilocken.
Es ist immer gut, wenn die verwendeten Symbole Relevanz zu den Phänomenen haben. (Ich hoffe, ich habe meine Leser davon überzeugt, dass die Wahl der verschiedenen Hauselemente für unterschiedliche grammatikalische Zeiten nicht rein zufällig war.) Es ist aber keine Bedingung *sine qua non.* Bleiben wir bei den Geboten. Die Zahl „5" ist dem Inhalt „du sollst nicht töten" ebenso ähnlich oder auch unähnlich wie jede andere. Durch konsequente Verwendung jedoch wird sie zu einer nützlichen Stütze für das Gedächtnis. Wie im Fall der Farben ist es das System, das zählt.

Geste und Mimik
(Beispiel: Progressive-Zeiten in Übersicht, Seite 42)
Als soziale Wesen sind Menschen für Gesten und Mimik sehr empfindlich. Wir tendieren dazu, der Körpersprache mehr zu vertrauen als der verbalen Übertragung. Die Psychologen behaupten, dass Worte nur 20–30 % dessen sind, was wir bei einem Gespräch wahrnehmen und speichern. Bis zu 80 % der eigentlichen Kommunikation besteht aus der Haltung, dem Gesichtsausdruck, den Bewegungen und dem Tonfall. Wenn wir z. B. jemandem „ich mag dich" sagen und dabei ein langes Gesicht ziehen, wirken wir nicht besonders überzeugend. Das Vertrauen des Gesprächpartners wird der Miene und nicht den Worten geschenkt.
Gesten und Mimik im Unterricht wirken stimulierend und kommen bei den Schülern gut an, weil sie sich dadurch den Stoff besser merken können. Die Körpersprache lässt uns ganz viel ausdrücken (jeder Lehrer ist auch ein Schauspieler). Es gibt dabei nur ein kleines „aber".
Am Anfang meiner beruflichen Karriere hatte ich ziemliche Probleme mit der richtigen Anwendung von Mimik und Gesten. Ich habe immer wieder unkontrollierte Lachsalven ausgelöst und konnte nur schwer eine Atmosphäre voller Konzentration wieder herstellen. Dann lernte ich, alle Schüler während der Präsentation im Blickfeld zu haben (damit sie mich hinter meinem Rücken nicht nachahmten) und direkt danach eine Frage zum Verständnis des demonstrierten Begriffs zu stellen – z. B. nach seinen Synonymen, Antonymen oder Anwendungsbeispielen. So werden die Schüler darauf aufmerksam gemacht, dass sie sich im Sprachunterricht und nicht in einem Zirkus befinden, und sie benehmen sich dementsprechend.
Sind nun Bilder oder Gesten wirksamer? Schwer zu sagen. Das eine kann das andere nicht ersetzen. Gestik und Mimik sind sehr direkte und einprägsame Übertragungsmittel. Anderseits kann ein Bild die ganze Unterrichtsstunde an der Wand hängen und dadurch langsam, aber kontinuierlich wirken, während man von einem Lehrer kaum erwarten kann, er würde die ganzen 45 Minuten auf den Zehenspitzen stehen, um die Bedeutung des Wortes *"balance"* zu verdeutlichen. Also – nicht „entweder–oder", sondern „sowohl–als auch".

Dreidimensionale Modelle
(Beispiel: Present Perfect, Seite 25)
Dreidimensionale Modelle haben den Vorteil, dass man keine besondere räumliche Begabung braucht, um sie zu analysieren. Vom ersten Blick an ist alles völlig klar. Ein Puppenhaus lässt sich viel einfacher beschreiben als sein qualitativ exzellentes Foto. Ein Modell kann man berühren und sich seiner bedienen. Wenn dieser Input seinen Ausdruck auf Englisch findet, entsteht eine direkte, von der Sprache untrennbare Erfahrung.
Dreidimensionale Modelle werden selten verwendet, denn die Vorbereitung ist hier ziemlich mühsam. Wenn wir einen guten Draht zu einem/r Werkerziehungslehrer/in haben, können wir ihn/sie ab und zu um Hilfe bitten. Fallweise können wir auch die Schüler mit dem Basteln beauftragen. Voraussetzung ist, dass sie nicht nur das Modell fertigen, sondern es auch verstehen und auf Englisch seine Anwendungen erklären können.

Ein großer Nachteil der dreidimensionalen Modelle ist, dass sie ganz viel Lagerraum belegen. Keiner weiß so genau, wo sie am besten aufbewahrt werden können. Ich habe z.B. meine Pappmaché-Modelle daheim, was keine besonders glückliche Lösung ist. Normalerweise werden die Modelle nach dem Unterricht irgendwohin gestopft und wenn man sie dann im nächsten Jahr wieder benötigt, sind sie oft verstaubt oder kaputt, auf alle Fälle unbrauchbar.

Plakate
(Beispiel: Present Perfect, Seite 25)
Plakate sind nicht nur ein sehr dekorativer Ausdruck der Kreativität der Schüler, die sie gemacht haben, sondern auch effektive Lernhilfsmittel. Die Schüler vergessen nicht die Arbeit, die ganz viel ihrer Zeit und Aufmerksamkeit in Anspruch genommen hat.
Vor dem Aufhängen der Plakate sollen wir die Rechtschreibung und Grammatik kontrollieren, denn ganz viele Schüler verstehen unter „schöpferischen Freiheit", dass sie sich an keine diesbezüglichen Regeln halten müssen.

Brettspiele
(Beispiel: Future Perfect, Seite 40)
„Was habt ihr heute im Englischunterricht gemacht?", fragen wir einen Zwölfjährigen, der nach Hause kommt. „Nichts", antwortet er. „Nur ein dämliches Spiel gespielt." Nach einer kurzen Untersuchung stellt es sich heraus, dass das Spiel eigentlich eine grammatikalische Übung war, womit eine bestimmte Struktur gedrillt wurde.
Mit dem Begriff *spielen* verbinden Kinder automatisch die Vorstellung von *Spaß*. Sie können sich damit abfinden, dass sie manchmal in der Schule langweilige Aufgaben machen müssen. Sie finden es jedoch sinnlos, sich mit einem Spiel zu beschäftigen, das ihnen keine Freude macht. „Es ist so fad, spielen wir doch was anderes", ist die typische Reaktion. Es ist eher unwahrscheinlich, dass sich unsere Schüler nur deswegen für unregelmäßige Verben begeistern lassen, weil sie dabei ein Brett und einen Würfel verwenden dürfen. Darum sollen die von uns verwendeten Spiele möglichst abwechslungsreich sein. „Drei Schritte nach vorn", „zwei Runden Pause", „zurück zum Anfang": Erst diese kleinen vom Glück abhängigen Ungerechtigkeiten machen die ganze Sache so richtig interessant.

Der Preis (z. B. eine gute Note für den Gewinner) kann ein zusätzlicher Ansporn sein. Wir brauchen uns dabei wegen der Glückskomponente keine Gedanken machen. Beim ganz gewöhnlichen Abfragen spielt das Glück auch mit. Man braucht es halt im Leben. Eines ist dabei aber wichtig: Den Schülern muss klar sein, dass wir wissen, was wir tun. Sie sollen nicht denken, sie hätten uns betrogen, weil wir ihr erfolgreiches Würfeln irrtümlich für gute Grammatikkenntnisse gehalten haben.

Einmal habe ich gesehen, wie Mitspieler einen schwachen Kollegen haben gewinnen lassen. Selbstverständlich habe ich nicht verraten, dass diese Manipulation meinem wachsamen Auge nicht verborgen blieb. Er hat eine gute Note dringend gebraucht. Ich habe ihm gratuliert und gesagt, wie sehr ich mir freue, dass gerade er gewonnen hat. Ich glaube, diese kleine Solidaritätslektion war für die jungen Leute sehr wichtig – wichtiger als der Stoff, der in der Unterrichtsstunde zu erlernen war.

Es lohnt sich, sich etwas Zeit zu nehmen, um ein Brettspiel optisch attraktiv zu gestalten. Wenn man gerade kein ausgezeichnetes Maltalent hat, kann man immer „die Felder" auf ein schönes großes Foto aus einem alten Kalender kleben, einscannen und ausdrucken oder in Farbe fotokopieren lassen. Anschließend stecken wir den Ausdruck oder die Kopie in eine dicke, steife Klarsichthülle. Ein so vorbereitetes Spielbrett sieht viel verlockender aus als ein schwarzweißes A4-Blatt. So können wir manchmal sehr schüchterne Jugendliche dazu verleiten, ihre Elfenbeintürme zu verlassen und sich im Spiel richtig zu engagieren.

Wie schon erwähnt, unterscheiden die Schüler stark zwischen Arbeit und Unterhaltung. Deswegen merken sie oft gar nicht, dass sie beim Spielen etwas gelernt haben. Es kann darum nicht schaden, sich am Ende der Stunde etwas Zeit zu nehmen, um ihnen bewusst zu machen, welche Strukturen während des Spielens erlernt wurden. Eine oder zwei „normal aussehende" Übungen überzeugen die Schüler, dass das Spiel doch einen Bezug zum Leben hatte und sogar mit dem Lernen verbunden war.

Doch verbunden!

Mindmaps
(Beispiel: Simple Present, Seite 11)
Es scheint, ohne Mindmaps geht heutzutage nichts mehr, fast jeder Inhalt, den wir in unserer Jugend in Punkte gefasst haben, wird jetzt als Mindmap dargestellt. Die ganze Welt scheint sich in diese Richtung zu bewegen. Ich kann mir gut vorstellen, dass in 50 Jahren eine Braut und ein Bräutigam nach der Hochzeit eine Heiratsurkunde bekommen werden, die etwa so aussehen wird:

Spaß beiseite. Die Vorteile des Mindmaps gegenüber der klassischen Punktauffassung sind offensichtlich. Schon beim ersten Anblick eines Mindmaps fallen einem alle Zusammenhänge auf, während die klassische Nummerierung in der Art von „Punkt 2.5.1.3" die Intelligenz des Lesenden ganz schön fordert. Die Mindmaps sind logisch, übersichtlich und einfach zu korrigieren und zu ergänzen. Sie entsprechen den Denkmustern der neuen Generation, die mit Computern aufgewachsen ist. Sie eignen sich perfekt dazu, den gelernten Wortschatz zu strukturieren, den Stoff zu wiederholen oder einen Aufsatz vorzubereiten.
Für uns Sprachlehrer sind die Mindmaps ein exzellenter Ausgangspunkt für weitere Aktivitäten. Wir können sie aber nie als ein „Endprodukt" akzeptieren. Warum? Weil die Sprache linear ist. Nach einem Wort kommt ein nächstes, erst dann ein übernächstes usw. Ein paar gleichwertige Faktoren gleichzeitig zu erwähnen, wie es im Falle eines Mindmaps üblich ist, geht beim Sprechen nicht. Hier gehören alle Fakten nacheinander geschildert. Auch jede Verbindung untereinander muss einzeln besprochen werden. Dabei soll das Ganze eine logische Einheit bilden; das ist nicht so leicht für junge Leute, die sich mehr mit visuellen Medien als mit Büchern befassen. Übung macht den Meister.
Ein Mindmap weist das Verständnis eines Themas und Vokabelkenntnisse nach. Diese beiden Komponenten sind zwar sehr wichtig, aber bei weitem nicht ausreichend, wenn man kommunizieren will. Darum sollen die Schüler ihre Mindmaps nicht nur fertigen, sondern auch anwenden können.

Pantomime

(Beispiel: Present Progressive, Seite 15)
Pantomime kann recht spannend und amüsant sein. Wie beim "Activity"-Spiel müssen die Spieler die mit Mimik und Körpersprache vorgezeigten Begriffe erraten. Es entstehen viele Missverständnisse, es wird viel gelacht… oder auch nicht.

Die Pantomime liegt nicht jedem. Manche schüchterne Teenies verabscheuen nichts mehr, als dass sie etwas vor der ganzen Klasse präsentieren müssen. Sie sollen dazu nicht gezwungen werden, komische Grimassen unter den kritischen Blicken ihrer Kollegen und Kolleginnen zu schneiden. Wir lassen sie raten, während extrovertierte Spielteilnehmer mimisch die Aufgabe stellen. Wir können auch die Klasse in Gruppen teilen und jede Gruppe mit einer Präsentation beauftragen. So können auch die scheuesten Schüler ihren kreativen Beitrag leisten.

Im Allgemeinen funktioniert die Pantomime in kleinen Gruppen am besten, wenn sich die Mitglieder sehr gut kennen und mögen. Hierfür sind die Nachmittagsstunden zu bevorzugen, wenn alle schon ein bisschen müde und dadurch weniger kritisch sind. Wenn sich aber die Klasse nicht gerne auf Pantomime einlassen will, ziehen wir diese Aktivität nicht in die Länge. Die Vorteile sind nicht so groß, dass es sich lohnen würde, sie um jeden Preis zu forcieren.

Rollenspiel
(Beispiel: Simple Present, Seite 11, "going to" versus "will-future", Seite 38)
Das Rollenspiel kann nicht zu oft verwendet werden. Wenn es verschiedene Blickwinkel gibt, ist ein Meinungsaustausch nur natürlich. Es fällt uns deshalb leicht, die Schüler einzubeziehen. Sie fühlen, dass es in der Situation nichts Künstliches gibt, und sie engagieren sich gerne im Dialog. Wir brauchen hier keine Rücksicht auf die Scheu mancher zu nehmen. Sie müssen beim Rollenspiel keine eigene Meinung vertreten, die von den anderen kritisiert oder gar ausgelacht werden könnte. Sie dürfen sich von den präsentierten Ideen distanzieren und sich die Maske einer anderen Persönlichkeit aufsetzen, die ihnen mehr Selbstbewusstsein verleiht. Wenn sie sich in ihrer Rolle verlieren, können wir sie im Unterricht endlich sprechen hören.

Für die Anwendung der Rollenspiele gibt es fast unbegrenzte Möglichkeiten. Ein Optimist kann mit einem Pessimisten diskutieren, eine fürsorgliche Mutter mit einem strengen Lehrer, ein Umweltliebhaber mit einem Reifenfabrikanten. Wir können auch ein paar Schüler in eine gemeinsame Aktion involvieren. Zuerst verteilen wir die Rollen, z.B. „Ihr zwei seid sechsjährige Zwillinge, du bist ihre gelangweilte siebzehnjährige Schwester, du bist ihre nach Kunst verrückte Mutter, du bist ihr überarbeiteter Vater." Und dann geben wir der ganzen „Familie" eine Aufgabe, z.B.: „Ihr macht Urlaub in Italien. Plant bitte euren gemeinsamen Tag."

Die spontan entstehenden Dialoge beleben den Unterricht und geben den Schülern das befreiende Gefühl, sich ausdrücken zu können. Wir müssen nur darauf aufpassen, dass sie im Bereich des bekannten Wortschatzes und der bekannten Strukturen bleiben. *"English is easy to learn, but difficult to master"*, sagt ein altes Sprichwort. Schon sehr geringe Englischkenntnisse erlauben es, sich zu verständigen, irgendwie durchzukommen. Dieses Phänomen verführt dazu, lange und komplizierte Sätze zu bauen, die völlig inkorrekt sind. Unkorrigierte Fehler im Klassenzimmer rächen sich. Sie verbreiten sich wie die Pest. Es ist ziemlich schwer, sie später zu eliminieren. Darum verwenden wir das Rollenspiel in der zweiten Hälfte der Unterrichtsstunde, wenn die Schüler brauchbare Strukturen kennen gelernt haben. Sie probieren neue Worte und Ausdrücke gerne aus und erweitern so spielerisch ihre aktiven Sprachkenntnisse.

Bewegung
(Beispiel: Present Perfect Progressive, Seite 30)
Bewegung tut jungen [und nicht nur jungen] Leuten gut. Eine erhöhte Durchblutung ermöglicht eine bessere Versorgung des Gehirns mit Glukose und Sauerstoff. Schläfrigkeit und Dumpfheit fallen weg. Neugier erwacht. Die Aufnahmefähigkeit steigert sich. Jetzt nimmt der ganze Körper am Lernprozess teil. Bewegungen vermitteln direkte Erfahrung – die Dinge werden nicht nur intellektuell verstanden, sondern auch auf der Empfindungsebene intuitiv begriffen.

Bewegung ist ein sehr effektives Lernmittel, allerdings nicht einfach zu handhaben. Es kann dabei leicht passieren, dass die Situation außer Kontrolle gerät.
Um dem vorzubeugen, bekommen die Schüler zuerst genaue Anweisungen, was zu tun ist. Während der Erklärungen und des Beantwortens eventueller Fragen bleiben sie an ihren Plätzen sitzen. Erst danach stehen sie auf und führen die verschiedenen Aktivitäten aus. Wenn der Bewegungsablauf einfach ist und uns genug Platz zur Verfügung steht, können alle Schüler gleichzeitig dieselbe Übung

machen. Wenn nicht, ist das Risiko des Chaos zu groß. Lieber teilen wir dann die Klasse in Gruppen und sorgen dafür, dass all diejenigen, die gerade nur zuschauen, alles deutlich sehen können und sich nicht drängen müssen. Wie bei der Anwendung der Mimik und Gestik behalten wir alle Schüler gleichzeitig im Blickfeld und zeigen ihnen niemals unseren Rücken.

Bei Übungen mit körperlicher Aktivität müssen die Schüler genau wissen, was sie machen, und vor allem, warum sie es machen. Sie sind nicht mehr in dem Alter, in dem man viel Freude an Spielen wie "Head and shoulders, knees and toes" entwickelt. Darum würde ich mit unbekannten Schülern keine Aktivitäten unternehmen, die auf Bewegung basieren. Erst nachdem wir uns schon gegenseitig kennen gelernt und einen gemeinsamen Modus erarbeitet haben, traue ich mich, nach einer genauen Erklärung, die Schüler in motorische Aktivitäten einzubeziehen. Dann haben wir unseren Spaß.

Alles in allem ...
glaube ich, dass visuelle Lernmethoden unsere Chance sind, die traditionelle Schule an die mit dem Internet aufgewachsene Generation anzupassen. Ich freue mich sehr, dass auch Sie sich für diese Methoden interessieren. Wenn Sie in diesem Heft ein paar Ideen gefunden haben, die Sie in Ihrem Klassenzimmer nützen können, bin ich ganz zufrieden. Viel Spaß in Ihrem Unterricht!

LÖSUNGEN

KV 2
Aufgabe 1 – gestrichen gehören: tomorrow, now, just, once a week, the next day, after that
Lösungsbeispiele: It always rains in automn. Snow hardly ever falls in spring. Summers are usually very warm. etc
Aufgabe 2 – Lösungsbeispiele:
Room 1 could be my room because I'm very tidy. I've got a computer on my desk, too. There are some plants in this room and I like plants very much. There are many books on the shelves and I enjoy reading. I don't like room 3 because there is a cat in it and I'm allergic to cats.
Room 2 is the room I like most. I love animals and I have got an aquarium and budgies at home. I think animals are very interesting. I couldn't live in room 2 because my parents can't stand mess.
Room 3 is my favourite room. I could live in it. I am very messy. I have got a lot of posters on the wall. I play guitar and tennis and I like reading in bed. I don't like room 1 because is too tidy and I find it boring.

KV 3 – Lösungsbeispiele:
1. Are there any intelligent creatures on this planet? 2. How many heads, hands and legs have they got? 3. Do they know that there is life on other planets? 4. Have they got any spaceships? 5. Can they speak Martian? 6. Why do they wear clothes? 7. Are they dangerous? 8. Why don't they visit us from time to time? 9. How do they communicate? 10. Do they like the colour green?

KV 6
(Im Fenster): I'm going to a concert today. • I'm waiting for my girlfriend Sarah. • She's just putting her make up on. • The telephone is ringing. • "Oh, it is raining." • Sarah is still putting her make up on. • It's getting late. • I'm getting nervous. • Today I'm going to the concert with Sarah's twin sister.
(Unterhalb des Fensters): I love Mozart .• Somebody wants to speak to Sarah. • It's her sister. • I don't know her. • "Why don't you tell me about your family?", I often ask. • She answers: or " How many teeth does a tiger have?" • The sister has got a nice voice. • She's as old as Sarah. • They're twins. • She doesn't want to hurry up. • Sarah doesn't like Mozart's music anyway.

KV 7

First week: Monday was boring. On Tuesday Angela wrote an essay about Kafka. It was four pages long. On Wednesday she went shopping with Lucy. She bought a gift for her mother. In the evening she went to the cinema and watched a very silly comedy. Then she had an argument with her boyfriend Simon. On Thursday morning Angela's dog Fluffy bit a postman and the police came to their house. At school she didn't understand maths. Her boyfriend was very nice to her. She got a lot of homework. On Friday Angela was at the dentist. The dentist filled 3 of her teeth. On Saturday Angela didn't meet Simon, because he was at his grandparents. She chatted with her friend Doris on the telephone for 1.5 hour. Sunday was very boring. It was rainy.
Second week: On Monday Angela had a biology test. She didn't pass it. On Tuesday she had a headache. She got flowers from Simon. On Wednesday was her mother's birthday. The dishwasher was out of order and she did the washing-up. It took 4 hours. On Thursday nothing interesting happened. On Friday a teacher caught her reading a book under the desk in the classroom. He was very angry. On Saturday Simon and Angela took photographs in the park because they wanted to try Simon's new camera out. It was very cold. Angela came home late and her parents were very angry. On Sunday Angela had a cold. She had a running nose and a fever.

KV 9

1. When their parents came home, the children were doing their homework. (very good diligent children) / When their parents came home, the children did their homework. (probably their parents told them to)
2. When I came to the party, he left. (He saw me and left, he doesn't like me at all) / When I came to the party, he was leaving. (He was already putting on his coat when I came)
3. When detective Brown got off his car, it exploded (he was lucky!) / When detective Brown was getting off his car, it exploded (poor detective Brown!)
4. When John left the hospital, he broke his leg (e.g. while playing football again) / When John was leaving the hospital, he broke his leg (e.g. he fell downstairs before reaching the exit).
5. The thief was arrested when he spent the stolen money (and the money couldn't be returned to the owner) / The thief was arrested when he was spending the stolen money (he was just buying himself sth. when he got arrested)
6. When David came home, his wife cooked dinner. (She saw him and started cooking) / When David came home, his wife was cooking dinner. (She was busy cooking)
7. When the robber escaped with a big bag full of money, the teller called the police (the robber couldn't be seen any more). When the robber was escaping …., the teller called the police (perhaps it wasn't too late to stop him).
8. When Mr Johnson bought a painting by Van Gogh, he noticed it was a fake (he'd already paid for it) / When Mr Johnson was buying …..(he didn't buy it because he realized it wasn't an original.)
9. When Dorothy saw a shark, she swam very quickly (She saw it and tried to escape) / When …, she was swimming very quickly (she was just swimming, when she saw it – she may have swam faster afterwards, but we don't know it)
10. The burglar escaped when the police came (he wasn't there any more) / The burglar was escaping …(he was arrested)
11. When Judy had an accident she learned to drive (finally, she should have thought about it earlier!) / When Judy …, she was learning to drive (during her driving lesson)
12. When he met Susan, he looked for a new job (he thought she might like him more if he did). When he met Susan, he was looking … (it was a difficult time in his life, he was unemployed).
13. When Robert heard he had a son, he drank champagne (he was happy and wanted to celebrate) / When …, he was drinking champagne (probably he was drunk when the news came).
14. The film stars left the hotel when the journalist arrived (they didn't want to talk to them) / The film stars were leaving ….(the journalist nearly missed them)
15. When Anthony fed his crocodiles, he lost his little finger (cutting wood or whatever) / When Anthony was feeding …(one of the beasts was too greedy)
16. The rain started when our team won the match (we were lucky, we didn't get wet)/ …when our team was winning …(they may have lost it as a result)
17. When Harry saw a police car, he drove very fast (he wanted to escape) / When Harry …, he was driving very fast (and he immediately slowed down in order not to attract the attention of the police)
18. When he signed the contract, a much better offer came (but it was too late!) / When he was signing the contract …(He probably didn't sign it under those circumstances).

KV 10

Siehe Seite 29.

KV 11

Monica is scared – she's been watching a horror film. Ann's teeth ache – she's been eating sweets. David feels dizzy – he's been riding a roller-coaster. Marc is furious – he's been quarrelling with his sister. Barbara is tired – she's been learning English for 6 hours. Joan's cheeks are red – she's been reading a love-letter. Martin's hair is wet – he's been swimming. Allan has got some paint on his nose – he's been renovating his flat. Veronica's fingers bleed – she's been cutting roses. Anthony has got no money – he's been playing poker. Nobody talks to Janet – she's been gossiping.

KV 12 – Exercise 1

2. felt / had got rid of; 3. hadn't asked / bought; 4. didn't realise / had broken; 5. had been delivered / started

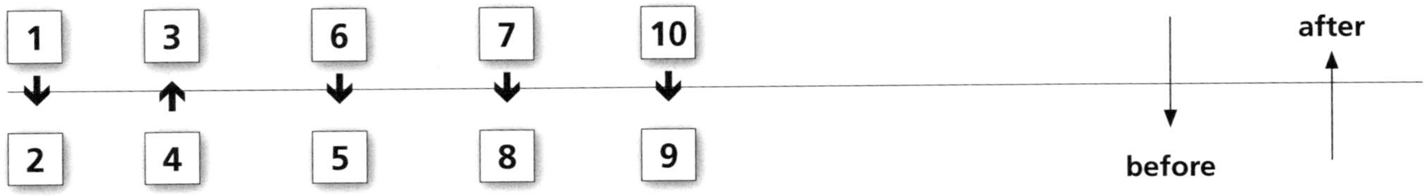

KV 12 – Exercise 2

Jede erste Satzhälfte mit dem Subjekt *Mr Twig* lässt sich beliebig mit A, D, F und H kombinieren, während jede Satzhälfte mit *Mrs Twig* zu B, C, E und G passt.

KV 13 Lösungsbeispiele:

What's happening	George's thoughts	Vivian's thoughts
Vivian's cutting bread in the kitchen and singing happily.	She's going to kill me with a knife.	I'm going to prepare a wonderful supper.
Vivian's putting on her best clothes.	She' going to meet her lover.	I'm going to look pretty for George.
Vivian's going to the chemist's.	She's going to poison me.	I'm going to buy vitamins.
Vivian`s asking what the bank account number is.	She's going to withdraw all our money.	I'm going to pay the rent.
Vivian's chatting on the telephone.	She's going to leave me with the guy she's talking to.	I'm going to meet my sister and I want to know what she's going to wear.
Vivian's ironing a black dress.	She thinks she's going to be a widow.	I'm going to lend this dress to my friend.

What's happening	George's thoughts
Polly's going to school.	Somebody's going to kidnap her.
Polly's riding a horse.	She's going to fall and break her neck.
Polly' s skiing.	She's going to break her legs.
Polly's reading comics.	She's going to be stupid when she's grown up.
Polly doesn't want to drink milk.	She's going to be ill and die.

KV 14 – Lösungsbeispiele

1. **1. Stock:** 3 astronauts want to land on Mars. **EG:** They started their journey 2 years ago. **Der Aufzug zwischen dem EG und dem 1. Stock:** They have nearly been killed by stray asteroids many times und Their computer has been out of order for 2 days. **Das Fenster im 1. Stock:** They are sending an SOS. **Die Dachterrasse:** They will survive and go back home soon.
2. **1. Stock:** John and Rob have no money. **EG:** They met when they were in prison. **Die Feuertreppe:** They are going to rob a bank. **Das Fenster im 1. Stock:** They are buying masks. **Die Dachterrasse:** The police will catch them.
3. **1. Stock:** Paul Benett is a politician. He wants to be the US president. He has 2 children. **EG:** He had contact with the Mafia in the past. **Der Aufzug zwischen EG und dem 1. Stock:** He has never told anybody about it. He has been married for 20 years. **Das Fenster im 1. Stock:** He's been giving a speech to the trade union. **Die Dachterrasse:** He will become the president and CIA will blackmail him.

KV 16

Siehe KV 17.